Histórias
SINGULARES
que inspiram

COORDENAÇÃO EDITORIAL
Kelly Singularidade

Histórias
SINGULARES
que inspiram

Literare Books
INTERNATIONAL
BRASIL · EUROPA · USA · JAPÃO

© LITERARE BOOKS INTERNATIONAL LTDA, 2022.
Todos os direitos desta edição são reservados à Literare Books International Ltda.

PRESIDENTE
Mauricio Sita

VICE-PRESIDENTE
Alessandra Ksenhuck

DIRETORA EXECUTIVA
Julyana Rosa

DIRETORA DE PROJETOS
Gleide Santos

RELACIONAMENTO COM O CLIENTE
Claudia Pires

EDITOR
Enrico Giglio de Oliveira

ASSISTENTE EDITORIAL
Luis Gustavo da Silva Barboza

REVISÃO
Ivani Rezende

CAPA E DESIGN EDITORIAL
Lucas Yamauchi

IMPRESSÃO
Gráfica Paym

Dados Internacionais de Catalogação na Publicação (CIP)
(eDOC BRASIL, Belo Horizonte/MG)

H673	Histórias singulares que inspiram / Coordenadora Kelly Singularidade. – São Paulo, SP: Literare Books International, 2022. 128 p. : il. ; 14 x 21 cm ISBN 978-65-5922-465-4 1. Literatura brasileira – Crônicas. 2. Superação. I. Singularidade, Kelly. CDD B869.3

Elaborado por Maurício Amormino Júnior – CRB6/2422

LITERARE BOOKS INTERNATIONAL LTDA.
Rua Antônio Augusto Covello, 472
Vila Mariana — São Paulo, SP. CEP 01550-060
+55 11 2659-0968 | www.literarebooks.com.br
contato@literarebooks.com.br

SUMÁRIO

7
PREFÁCIO
Fernando Moraes

9
SINGULARIDADE
Kelly Singularidade

19
ANTIFRÁGIL
Sara Bernoulí

31
A ESCADA DE MUDANÇA COMPORTAMENTAL: O SEGREDO DOS
NEGOCIADORES DE REFÉNS
Réges Silva de Souza

39
DA FALTA DE CONFIANÇA AO MULHERES FORTES! DOR,
RESILIÊNCIA E RESSIGNIFICAÇÃO EMOCIONAL
Mariangela Nascimento Bezerra de Paula

51
REVIVER
Amanda de Cássia Zanutim Siqueroli

59
FORÇA DE UMA CRENÇA: QUANDO O ESCURO NÃO É AUSÊNCIA
DE LUZ
Carolina Rehem

71
SINGULARIDADE NA PERSONALIDADE
Flávia Salim

83
O PODER DA FÉ: AS MÃOS DE DEUS TOCAM ONDE OS MÉDICOS
NÃO ALCANÇAM
Sheila Moraes

95 DESPERTE SEU INTERIOR: COMO ACORDAR TODOS OS DIAS E FAZER DIFERENTE
Zilda Vieira

105 A ARTE DE SORRIR A CADA VEZ QUE O MUNDO DIZ NÃO
Néia Bastos

117 NO MEIO DO CAOS
Giovanna Valeska

PREFÁCIO

O filósofo e teólogo dinamarquês Soren Kierkegaard (1813-1855), escreveu: "Uma vez que você me rotula, você me nega". Essa negação, por meio dos rótulos, é avassaladora na medida em que esvazia qualquer possibilidade de pertença social, e vai anulando identidades, sonhos, desejos e vontades. A singularidade carrega estações de vivências, saberes, lutas, dores e amores, lembrando que somos constituídos da nossa historicidade, e como é especial rememorarmos o ser em nós.

Em tempos de profunda dilaceração dos tecidos musculares da solidariedade e da bondade, fomos aprendendo a conviver com a impaciência, a intolerância e o ódio. Essas combinações estranhas de sentimentos entre humanos corroem nosso desejo de um mundo melhor, justo e que proteja, de forma combativa, a dignidade humana. Não podemos nos acostumar e, consequentemente, nos conformar com os retrocessos de nossa condição humana. Por isso, este livro, escrito por diversas mãos e cheio de estações singulares de vivências, nos faz acreditar no resgate dos bons afetos. Histórias de vidas de pessoas que transformaram seus desafios em oportunidades de esperançar sobre a vida, o tempo e as coisas.

Reconhecer-se como protagonista, não na perspectiva de ser o principal ou o que aparece mais e, sim, na condição de lutador social que não esmorece diante das adversidades e é capaz de interferir e impactar o mundo à sua volta, dando condições para que outros também possam ser protagonistas de suas próprias vidas. Nunca foi tão oportuno falarmos das boas experiências da vida, rompendo com esse modelo do dano, em que tudo se apresenta dentro de um contexto de desesperança, com narrativas proféticas dos fins dos tempos nos colocando em uma situação de inércia; divorciados da vida.

Estas 11 histórias carregam especificidades humanizantes, cada uma com sua historicidade social que, certamente, vai nos ajudar a refletir sobre os nossos potenciais, talentos, habilidades, sonhos, vontades e tantos outros bons afetos que são propulsores da esperança.

Acreditar que podemos fazer a diferença em nosso meio, é viver com plenitude, e isso não é coisa de outro mundo. Muito distante de narrativas contaminadas pela positividade tóxica, isso é ser humano e só pode ser feito por humanos. Na nossa singularidade, há muita pluralidade e, nesse pluralismo, há muita diversidade humana, reconhecendo que viemos de origens diferentes, com histórias de vidas diferentes e com valores familiares distintos. Mas a nossa dignidade tem que ser protegida; nenhum ser humano tem o direito de humilhar, achincalhar ou destruir a condição humana alheia; somos seres de erros e acertos, nos quais a alteridade é traço fundamental para perpetuarmos a espécie.

Enfim, caro leitor, você está prestes a entrar em uma comunidade de sentidos e significados. Em cada personagem, há uma história real, humanamente vivida e experienciada, que pode encontrar a sua história com todas as belezas que há em nossa singularidade, que transforma a vida em algo tão sublime que inspira, transcende e nos faz ter esperanças em dias melhores.

Fernando Moraes
(Filósofo, escritor e palestrante
@escritorfernandomoraes)

1

SINGULARIDADE

Tenha sempre muito orgulho em ser diferente dos outros. Ser igual à maioria é muito chato! São suas particularidades e singularidades que farão as pessoas se lembrarem de você. Suas características únicas são os pontos marcantes da sua personalidade, e são elas que te fazem especial. Prometa a si mesmo que sempre se orgulhará de seu jeito de ser; das suas características, gostos e costumes. Você deve ser feliz por não ser mais um que passa despercebido na multidão. Seja notado por quem você é e jamais será esquecido.

KELLY SINGULARIDADE

Kelly Singularidade

Contatos
kellysingulare.com.br
kellysingulare@gmail.com
Facebook: @kellysingularidade
Instagram: @kellysingularidade

Empresária, palestrante, mentora, *influencer*, CEO – Evento Singulare e escritora do *Vitiligue-se*.

Nasci em um pequeno bairro em uma cidade do interior de Jundiaí; de família simples, minha mãe, jovem de apenas 15 anos e muito imatura; meu pai trabalhava em profissões aleatórias e sentia muita sede (estava sempre com "copo na mão").

Eu me lembro bem da minha infância, pasmem! Eu me lembro de coisas de quando tinha de 3 para 4 aninhos.

O pai da Psicanálise, Freud, explica que é possível se lembrar de fatos tão novo quando acontecimentos de profundas impressões ficam guardados em nosso cérebro.

Contudo, eu era uma criança feliz, porque sempre esperei de mim mesma as motivações que precisava para ser apenas uma criança. Eu não entendia o contexto do que acontecia em casa com meus pais, nem tinha dimensão da escassez que sucumbia nossa ambiência. Eu sempre fui uma pessoa de frequência única. Mesmo diante da rejeição e da escassez, era feliz, estava sempre alegre e entusiasmada. Havia algo que me tornava única a cada momento. Eu não me comparava a nada nem a ninguém; meus amigos tinham vidas bem diferentes da minha e, mesmo assim, não me queixava nem deixava de fazer algo por condição; não tinha as condições financeiras que meus amigos tinham, mas tinha o meu jeito de fazer, meu jeito singular. De sorriso fácil, personalidade atraente, desprovida de timidez e muito criativa.

Sendo únicos, emitimos uma luz característica. A cor é variável. Que acalma e aquece. A luz de verdade não está no fim do túnel. Somos todos seres de luz e alegria. Essa luz deve iluminar os nossos próprios caminhos. Carregue sempre suas baterias de tal forma que ela nunca se apague. A verdadeira luz, aquela inerente à singularidade, nunca ofusca. É uma referência, porém, não é salvação para ninguém. Ainda assim será crucificado. Vão tentar sugá-la de ti. Emitir luz exige assumir responsabilidades e consequências.

Cada pessoa tem sua essência e singularidade, por isso defendo que somos insubstituíveis. Podemos encontrar pessoas melhores ou piores; idênticas, nunca! Ninguém faz igual a você. É como as digitais, sabe? Cada uma tem a sua.

Sempre visito a minha criança interior de 8 a 10 anos. Despertar essa criança é despertar meus sonhos, meu propósito de vida, é trazer de volta aquela alegria genuína que só as crianças têm, estimulando, em mim mesma, sentimentos de coragem, resiliência e felicidade, que me ajudam a realizar meus objetivos de forma mais leve e verdadeira. Essas visitas são importantes para você se reconectar com essa parte tão importante da sua essência, por vezes esquecida devido ao "controle remoto" de uma vida automática.

Manter contato com a sua criança interior leva você a ser um adulto que reconhece o próprio potencial. Um adulto que sabe que o "mundo da imaginação" existe e que ele pode se tornar real. Em resumo, um adulto que se permite acreditar: em si mesmo, no outro e na vida, entendendo que Deus não faz nada com você, mas sim para VOCÊ.

Foi assim quando fui diagnosticada, aos 28 anos de idade, com vitiligo (doença autoimune que causa a despigmentação da pele), agredindo aquilo que a sociedade nos impõe diariamente, os padrões.

Por um tempo, deixei que minha luz se apagasse e me perdi daquela criança única. Decidida e bem resolvida, agora eu já era adulta e tinha a "pré-ocupação" do que falariam sobre minhas manchinhas. Medo da rejeição (gatilhos instalados lá na infância que vieram à tona com o diagnóstico).

Conforme as manchas do vitiligo iam tomando meu corpo, eu visitava minha criança rejeitada e ressignificava aqueles sentimentos, resgatando minha identidade e autoconhecimento.

Quando alguém conhece a si mesmo, está conhecendo a singularidade e não a totalidade do homem. Conhecer a nós mesmos não é a garantia de conhecer os outros, porque cada um é único. Até mesmo os bebês que nascem gêmeos são únicos, e cada um tem a sua essência. A singularidade inviolável de sermos únicos.

Após anos pesquisando, com a reconstrução da minha autoestima, autoconhecimento, autoconfiança, mentorias, desenvolvimento pessoal, inteligência emocional e espiritual, entendi que mais uma vez Deus se encarregava de me fazer singular.

Com minha face e todo meu corpo marcado pelas manchinhas, não passava despercebida em nenhum lugar. Todos me olhavam. O vitiligo ainda era tabu. Pouco se falava até surgir o *pop star* Michael Jackson; nos EUA, a doença era mais conhecida e aceita pela sociedade, pois o governo fazia campanhas de conscientização. Já no Brasil, era como se fosse algo contagioso e sujo. Por muitos preconceitos, passei. Confesso que no primeiro... segundo... até terceiro ato de preconceito, senti muito. Chorei e recuei. Eu estava no processo de toda minha construção; mas quando tomei posse daquela singularidade, nada mais me atingia. Aqueles atos não eram meus, mas sim de quem os praticava. Eu estava com uma doença que apenas me causava manchinhas, mas as pessoas estavam doentes emocionalmente. Machucadas por algo, só se sentiam bem quando atacavam alguém.

Quando conseguimos entender nossa singularidade, passamos a entender a pluralidade das coisas e passamos a viver mais felizes.

Entendendo isso, passei a ajudar pessoas na cura interna que as faziam ser tão cruéis consigo como com o próximo.

Elas estavam perdendo a liberdade e o livre-arbítrio de amar, de liberar o perdão, de perdoar, a liberdade de ser e viver o mais belo que Deus nos deu: a vida.

Vamos falar da tal liberdade, singularidade rara. Quantos podem tê-la, e como essa liberdade é significativa em nossas vidas; mesmo assim, é privada de tantos outros mais. Agradeça, valorize-a, enxergue que, enquanto você tem "SOL", há quem conheça apenas o "escuro"; enquanto pode sorrir, há quem só possa chorar; enquanto pode amar, há quem só tenha dor; enquanto pode comer, há quem padeça de fome em algum lugar por não poder comprar ou ganhar de forma extravagante; enquanto você pode expor o que pensa, há quem seja tratado como criminoso, se assim o fizer. Há um leque infinito de possibilidades à sua disposição, mas para muitos tal oportunidade é negada. Reflita, reveja seus argumentos antes de desvalorizar qualquer coisa, muitos fariam o que for para conquistar tal privilégio.

Contudo, é fácil dizer, faça isso, seja aquilo, vá por ali, pare, comece. Fácil posar de mago da autoajuda. Difícil é ensinar como fazer, como ser, por onde andar, porque a vida não vem com formulário, bula ou manual de instruções, e mesmo que viesse, seria exclusivo de cada um. É na prática do exercício diário de viver que aprendemos sobre a vida, sobre a difícil arte de ser humano, com todas as nossas virtudes e imperfeições. É vivendo que aprendemos a administrar nossas limitações, nossos medos, nossos traumas. Viver é crescer, e à medida que crescemos, aceitamos sem dramas e autopiedade as nossas incompletudes e transformamos o conhecimento adquirido em sabedoria. Entenda, o que é bom para você pode perfeitamente não ser bom para outras pessoas, e vice-versa. Somos únicos, e sermos únicos nos confere uma singularidade inviolável. E quer saber? Se conselho fosse tão bom, metade dos problemas do mundo estaria resolvido e a outra metade nunca chegaria a ser problema.

Entendi que a vida que me veste não tem tamanho único; pelo contrário, foi feita sob medida, exclusivamente para mim. Por isso, não "visto roupas que não me servem", nem me atrevo a querer vestir outra vida.

A vida é nos dada no plural, mas cada um tem sua singularidade.

Podemos fazer algo que a metade do mundo ou que todo o mundo também faça. Por exemplo, cozinhar. Mesmo se pegarmos a mesma receita, com os mesmos ingredientes e usarmos os mesmos utensílios, ao mesmo tempo, cada um terá seu tempero. O principal ingrediente ainda será a essência. A sutileza dos movimentos, o sentimento da entrega para uma conclusão ímpar, aflorada pelo nosso jeito único.

Somos Belas!

Muitas mulheres sentem angústia e ansiedade em relação à sua aparência e ao seu físico, num estado de total insatisfação.

Buscando caminhos longos e pouco eficazes para uma serenidade promissora que, automaticamente, faz qualquer ser humano belo.

Buscando tratamentos estéticos ou infinitas intervenções e, por último, o auxílio emocional, é um caminho bastante comum.

Primeiro uma visita aos profissionais que cuidam das soluções externas, intervenções cirúrgicas, dermatológicas e alimentares. Para só depois, um auxílio emocional e nos padrões mentais.

Uma jornada é desenvolvida em busca de uma saciedade de autoestima, algo que verdadeiramente está dentro de cada um de nós.

Tornar nossas características mais deslumbrantes e encantadoras é algo extremamente produtivo, quando o brilho vem

Kelly Singularidade

de dentro, do reconhecimento da essência e sua magnífica beleza singular.

Assim, toda a transformação externa é realizada com plenitude e veracidade interna.

Afinal, toda a tecnologia dentro da medicina estética é fascinante, quando estamos em equilíbrio interno e respeitando nossas características.

Quando uma mulher nega ou desvaloriza seu corpo, a forma que ele tem, está desvalorizando sua existência aqui.

Somos todas diferentes, o que é lindo! Temos mulheres altas, baixas, magras, exuberantes em suas formas, delicadas, expansivas, sensíveis, divertidas, louras, morenas, negras, e todas com o potencial feminino da nossa condição e com sua singularidade para ser feliz.

Quando falo sobre singularidade, existe sempre uma primeira estranheza, como se estivesse falando algo inatingível.

As mulheres estão sendo treinadas para cada vez mais se afastarem da sua real essência, são criados modelos de perfeição, beleza, padrões esperados e que às vezes engessam o que é belo de verdade: a singularidade.

O que é a singularidade?

Como mulher, somos distintas, com formas físicas, características individuais, padrões mentais, crenças, impulsos e motivações que são de cada propósito, que internamente está presente ou poderia estar nos alimentando.

Sim, a singularidade, que tanto cito neste artigo, é o alimento para sermos mulheres e seres felizes.

Com nosso tamanho, nossa cor de cabelo, cor de olhos, estilo, nossas roupas e acessórios e nossa forma de atuar e amar.

Vejo, ouço e sinto que, cada dia mais, existe um incentivo para massificar o que pouco pode ser massificado, nossa expressão é no sentido mais profundo, nossa forma de viver o melhor que a vida pode oferecer.

Nossa expressão em equilíbrio é nosso compromisso em como fazer nossa existência ser promissora realizando o que temos potencial para fazer.

Quando há uma negação do corpo, do formato desse corpo, das características que esse corpo traz, é como se a sua expressão aqui estivesse bloqueada, há ausência de autoamor e autorrespeito, condições fundamentais para uma mulher ser realizada e plena em sua vida e em todos os setores.

Você já pensou o que existe em seu corpo – nas suas características físicas, crenças e estilo –, sua forma única de estar aqui e fazer o seu melhor?

Se você é um mulherão, o que é facilitado com suas características e como expressar sua beleza mais singular?

Inexiste uma expressão ou físico feios quando estamos alinhados com nossos princípios, valores, crenças e propósito para nossa existência aqui.

Pense com carinho na sua beleza, como sendo sua e especial, desprenda-se do padrão da sociedade ou da mídia e encare com amor a sua beleza singular.

Nunca atrele seus valores ao seu físico.

Aceite que é única e que nenhuma pessoa jamais ocupará seu lugar no mundo.

Você é única! É singular! Eu garanto.

Kelly Singularidade

ANTIFRÁGIL

Quando você bate o olho em uma menina-mulher de 25 anos, faladeira, colorida e bem-humorada, essas características o remetem a alguém símbolo de força? Não, né? Pois é! Enganam-se aqueles que pensam que, para ser antifrágil, é necessário exterminar as fragilidades. Neste capítulo, você vai entender que ser potência é resistir, superar e vencer, mesmo cheio de vulnerabilidades. Aquilo que o torna imperfeito, sua fraqueza, é exatamente o que será o combustível que o fará imparável. Essa menina de 25 anos, colorida e "blá blá blá", compartilha, nas próximas páginas, uma dessas suas fragilidades, responsável não por enfraquecê-lá, mas sim por fazer com que ela se torne antifrágil.

SARA BERNOULÍ

Sara Bernoulí

Contatos
sarabernoulicontato@gmail.com
Instagram: @sarabernouli

Influenciadora, gestora comercial, empresária e criadora da capacitação *On fire*.

Eu estava radiante, finalmente havia feito a consulta ao iridólogo que, como uma viciada em autoconhecimento, estava louca para fazer. Iridologia é a ciência que estuda a íris dos nossos olhos, analisando as marcas que nosso estado emocional e físico vão deixando ali ao longo da nossa vida, traumas familiares, problemas de saúde, características da personalidade etc. Saí da consulta chorando, e com gratidão, as notícias eram ótimas, eu tinha uma íris bem saudável, precisava controlar o meu nível de absorver problemas alheios, mas não tinha traumas de criação. A maioria das pessoas possui bloqueios que adquiriram ainda crianças, em decorrência da relação familiar, mesmo que causados sem intenção. Ouvi que meus pais fizeram um trabalho excelente, me criaram de acordo com meu propósito, incentivando minha essência, e que eu tinha uma ótima referência de homem, assim como de mulher gerada pelos meus pais, o que me permitia raros privilégios como, por exemplo, o de não levar traumas para os meus relacionamentos.

Ouvir aquilo tudo me remeteu a minha infância, e a quanto éramos felizes, filha única, criança comunicativa, corria pela casa correndo risco de acertar um mindinho na quina de um móvel, mas não ligava para o pouco espaço, era muita energia para gastar. Naquela época, quando eu tinha quatro anos, recebia toda a atenção da minha mãe, que havia saído do emprego para cuidar de mim, conversava comigo o dia inteiro, estimulando minha fala e fazendo questão de me explicar o porquê de tudo, registrando no meu inconsciente que eu tinha alguém em que podia confiar. No fim do dia, já com a casa cheirosa, ela tomava banho e me arrumava para, juntas, esperarmos meu pai chegar em um calçadão que havia na frente de casa, eu sabia que ele trabalhava incansavelmente construindo casas que, para mim, mais pareciam castelos. Quando chegava, trazia pó de cimento por todo o corpo, mas, ainda sim, eu o via como um herói, que mesmo cansado, brincava comigo até que eu não tivesse mais energia, criando, na Sara criança, a sensação de que era valiosa e interessante o suficiente para merecer a dedicação de alguém e, como se não bastasse, após o jantar, ele lia histórias bíblicas para mim até que eu dormisse, o que me fazia viajar no tempo, sendo, ali, o responsável pela leitora que futuramente eu me tornaria.

Agora, aos meus 25 anos, pós-consulta, verificando os resultados dessa história, aquela Sarinha, que hoje é influenciadora digital, empresária, gestora de equipe em uma multinacional e quase advogada, precisava mandar um áudio para eles, embora aos prantos, como já citei, mas para registrar minha profunda gratidão de ter sido amiga dos meus pais.

Meu conto de fadas começa a se desfazer em 2015. Minha mãe, quase enfermeira após anos sendo motorista universitária, e por entender do assunto, percebeu um nódulo no seio, o que poderia ser o único da vida ou o início de uma jornada infindável. Como se pudesse sentir, ela tinha certeza de que era maligno e, por vezes, eu a pegava chorando pela casa. Desesperadamente, eu e meu pai sempre a acalmávamos com palavras positivas.

Nunca é bom sofrer por antecipação, mas confesso que isso a fez já estar mais conformada quando recebeu o resultado do exame, afinal, ela já sabia, tumor maligno.

Ela estava com uma amiga quando viu o resultado, que já foi a convidando para um passeio para se destrair, mas minha mãe, com uma consciência quase inacreditável, disse: "Não, Jô, outro dia, hoje preciso voltar e trabalhar, afinal, a vida continua!"

E é isso, ela continua!

Quando meu pai pegou nas mãos aquele papel com palavras tão duras, lembro como se fosse hoje, se curvou sobre uma mureta que havia atrás de casa e chorou copiosamente; sem palavras e trêmula, não podia chorar, o abracei por trás e disse aquilo que ele mesmo pregava: "Vamos passar por isso, não é um fim, ela vai fazer todos os tratamentos, Deus fará uma obra". Enquanto falava, sentia o corpo dele soluçando pelo choro e prostrado no murinho, as gotas das suas lágrimas pingavam na terra, grossas e carregadas de medo.

Aquele dia, eu só pude chorar depois de ver que ele se reestabeleceu, corri para o meu quarto, fechei a porta e chorei com toda minha força, enterrando meus gritos no travesseiro para que minha dor não fosse percebida pelos meus pais. Eu não pude chorar antes porque minha mãe precisava de esperança, não podia me entregar agora porque meu pai precisava de força, tinha que estar firme porque agora nossa família tinha mais um integrante. Saulinho, três anos de idade, uma criança carinhosa e muito amada por nós, eu não permitiria que ele sentisse respingos do peso que dali para frente carregaríamos.

Minha mãe sofreu alguns abortos, o segundo, eu já tinha 11 anos de idade, tinha implorado um(a) irmão(a) várias vezes, mas, infelizmente, ela não conseguia engravidar. Após alguns exames negativos, finalmente o positivo. Meu Deus, eu não era mais filha única; que alegria! Três meses depois, estava colorindo a capa do meu caderno, quando ela teve um sangramento e, com pressa, me avisou que iria ao hospital com meu pai; prontamente larguei meu lápis de cor e fui atrás.

Sara Bernoulí

Poucas horas depois, ela no banheiro do hospital e eu a esperando na porta. Ela abre uma fresta e, chorando, me pede por uma enfermeira, enquanto a escuto, vejo, no chão, uma bolsa de carne vermelha, e percebo que meu sonho caiu de dentro da mamãe, ele estava ali no chão, espatifado, eu vi a vida de alguém que eu já amava indo embora, e essa cena nunca saiu da minha cabeça.

O fato é que lidamos com aquilo e, em 2012, nasce aquele que seria o meu coração fora do peito, meu irmão, meu bem mais precioso.

Em 2015, ano de formatura, e ela se formou, só que diferente do que imaginamos, com uma peruca na cabeça e um diagnóstico que ameaçava até mesmo o exercer da sua profissão.

Meses antes da festa, ela iniciou o tratamento, seriam 8 quimioterapias e 28 radioterapias, e logo na primeira, seu cabelo comprido e macio começou pouco a pouco a desgrudar do coro cabeludo com uma facilidade inacreditável. Ela, plena, ia e vinha das sessões sozinha, diferente de 99% dos pacientes, ela não tinha fraquezas, enjoos ou tontura no pós-quimio. Decidiu cortar seu cabelo no queixo e fazer uma peruca contendo os próprios fios.

Meu pai, após vivenciar a força da sua esposa, aprendeu com ela e vivia por aí dizendo aos amigos: "Minha mulher tá careca de saber que eu a amo", colecionando risadas por onde passava e, claro, a admiração da mamãe e de todos nós.

Meu irmão permanecia blindado, e eu? Intacta por fora, herdando a força da genética, mas por dentro, só eu sabia o que havia sentido naquele dia em que ela, já incômoda com os tufos de cabelo que caíam deixando falhas gigantes, me disse: "Você se importa de raspar meu cabelo? Se preferir, eu mesma raspo! E eu, sorrindo e com um alto astral que convenceria qualquer um, falei: "Claro que raspo, bora tomar um vento na cachola, com esse rosto lindo a senhora vai arrasar!"

Histórias singulares que inspiram

E ficou linda mesmo! Mas enquanto eu raspava, e ela olhava num espelho pequeno com a moldura de plástico laranja, me esquivava do reflexo para que ela não visse que eu estava aos prantos.

Três anos se passaram, e achamos que finalmente estávamos livres, até que um belo dia ela surge; uma fadiga no pulmão que foi ficando quase insuportável e, após exames, sim, câncer de pulmão. Era 2019 e, mesmo tendo horror a avião, ela viajou pela primeira vez para uma cidadezinha no interior do Rio Grande do Sul, para fazer um tratamento alternativo com base em energias e física quântica. O tratamento a deixou mais forte, saudável, parecia ter consumido o câncer mas, quase um ano depois descobrimos que ele só adormeceu. Em 2020, ele reaparece, trazendo consigo mais um, no fígado, pior lugar para se ter, porque ali é filtrada a medicação da quimio, então ele precisa funcionar.

O ano passou com ela fazendo o tratamento convencional, até que, milagrosamente, um mês antes do meu casamento no civil (minha festa havia sido adiada pela pandemia), um exame mostrou que ele desapareceu, aquilo soou como um alívio gigante para uma filha que se mudaria de Estado e precisava saber que sua mãe estava bem. Deus é bom.

Um mês depois, eu me casei e fui embora, e a partir daí foi uma montanha-russa de emoções. Resumidamente, naquele mesmo ano, surgem novos em duas áreas da coluna, enfraqueceu completamente seus ossos, ela mancava muito. Em dezembro daquele ano, ela fez uma cirurgia na coluna para retirar um dos tumores e perdeu muito sangue.

Nós tínhamos acabado de voltar de Belo Horizonte; quando resolveram fazer a cirurgia, eu estava com a família do meu marido para passar o ano-novo, quando soube pelo meu pai que ela tinha perdido um pouquinho a mais de sangue que o normal. Eu conheço meu pai; ele não quer que ninguém se preocupe. Para ele comentar comigo, é porque não tinha sido um pouquinho. Aquele ano novo foi um dos piores da minha vida. Não saber o que estava, de fato, acontecendo com minha mãe, iniciando o novo-ano no CTI, foi desesperador.

Ela ficou de cama para se recuperar da cirurgia; com seu rosto inchado de corticoide, parecia outra pessoa; a pálpebra do seu olho esquerdo foi caindo, e o pior, sem andar. Meu casamento se aproximava e meu sonho de criança era entrar com os dois a meu lado, e não só o pai, como a tradição. Juntos, passamos por mutas coisas, e vamos entrar juntos. Por isso que meu choro de gratidão a Deus saiu tão profundamente quando eu, no dia 28/2/22, entrei por aquele tapete longo na minha tão sonhada festa de casamento, ao lado do meu pai e da minha mãe, andando, frágil, aquela mulher se levantou e agora caminhava perfeitamente até o altar, porque Deus é bom.

Aparentemente, a recuperação repentina foi só um presente de Deus para que pudéssemos viver aquele momento bom, porque dias depois ela começou a definhar os movimentos, ossos muito fracos, trincou o fêmur só por pisar em falso e precisou operar. Pegou pneumonia, imunidade baixa, caiu todo o cabelo. Cadeira de rodas, cadeira de banho, cama hospitalar e várias tias se propondo a serem cuidadoras com a Bia, que já cuidava dela; precisávamos de ajuda e Deus mais uma vez cuidou de nós pelas mãos de alguém, porque Ele é bom.

Eu estava em Curitiba quando meu pai me mandou um áudio dizendo: "Talvez seja bom que você venha". Vocês já conhecem meu pai, né? Ele amacia as coisas. Ele me sugeriu ir para Belo Horizonte, e eu tinha voltado de lá há pouco tempo; 1000 quilômetros da minha casa. Eu não me lembro de já ter entrado em pânico daquele jeito, comecei a tremer, chamando meu marido e já fazendo as malas. Em 20 minutos, nós estávamos dentro do carro pegando viagem.

Cheguei e meu pai estava aos prantos, mal conseguia falar, era pior do que eu pensava: "Levei ela para o médico, talvez ela não volte mais", disse ele.

Lembram a pálpebra caída? Na época não foi constatado nada, porém, agora, um novo exame detectou tumor na cabeça.

Um filme passou na minha mente e eu voltei para aquela mureta atrás da casa, lá em 2015, onde meu pai se debruçava num choro de desespero, e eu só conseguia pensar no quanto caminhamos sem descansar até ali. Não fiz muitas perguntas, já tinha entendido que as respostas eram as piores possíveis.

Fui visitá-la internada, as mãos sem força alguma, não andava, as pernas estavam moles, do peito para baixo ela não sentia absolutamente nada; os médicos informaram que, aos poucos, os neurônios definhariam. Mesmo assim, o primeiro pedido dela, quando eu fui embora, foi: "Amanhã, quando você voltar, traga o vestido, que vou embora". Sim, ela estava desenganada, mas em sua mente, ela já estava em casa.

Recebíamos amigos constantemente em casa para orar conosco, uma igreja inteira se comovia e espalhava a mensagem por diversos Estados para que todos, numa mesma comunhão, rogassem por um milagre. Para mim, saber pelos médicos que não tinha mais o que fazer, me destruía; eu tenho fé na libertação, mas se a vontade de Deus não é libertá-la, eu pensava: "Meu Deus, precisamos dela, o que seria do meu pai sem minha mãe, meu irmão é pequeno, eu moro longe, não posso mudar para cá, será que levo meu pai comigo? Mas ele trabalha aqui, como meu irmão vai reagir? Será que ele vai desenvolver algo ruim? Como está o psicológico da minha mãe realmente? Meu Deus, que desespero!".

Eu me recompus e lembrei o que meus pais me ensinaram sobre fé; eu tive base, eu sei o Deus a que sirvo. Para que Pedro, discípulo de Jesus, andasse sobre as águas, primeiro foi preciso colocar os pés, mesmo ciente que na água afundaria, mas sabendo que, pela fé, permaneceriam de pé. Fé é pôr os pés e esperar que Ele coloque o chão, e a fé sem obras é morta, então, sim, pode ser que a vontade Dele seja levá-la, mas se eu acredito na libertação, acredito que essa é a vontade Dele e pronto. Não tem "e se"; eu vou agir como quem acredita, vou pensar como quem acredita, mas prefiro ter que me confortar por ter acreditado demais do que deixar de alcançar um milagre por falta de fé.

Ela se enxergava em casa. Em todo momento ela falava que sairia dali, apesar de estar na pior situação. Naquele leito, ela fazia questão de que, todos os dias, nós, acompanhantes, fizéssemos exercícios com suas pernas e braços, imitando os da fisioterapia que ela fazia em casa, lutando para que eles voltassem a funcionar, que não esquecessem os movimentos e estivessem preparados para o momento em que Deus fizesse um milagre. Após o banho, tínhamos que obrigatoriamente passar um hidratante bem cheiroso no corpo todo e um tônico para ajudar o cabelo da cabeça voltar a crescer. Desenganado, quem ligaria para isso? Querer crescer os cabelos quando nem se sabe se viverá amanhã! Isso é vontade de levantar, vontade de vencer! É não desistir, independentemente da situação em que esteja. Qual o tamanho da sua vontade?

Resultado, quase um mês de internação, ela voltou para casa com aquele vestido que pediu, as mãos já funcionando melhor e a cabeça, que pararia de funcionar aos poucos, trabalhando perfeitamente. Acontece que, embora o tumor ainda estivesse lá, a nossa fé também estava ali.

A mensagem que quero deixar é, embora seu problema esteja lá, a sua fé ainda precisa estar aí. A mecânica quântica explica o quanto o pensamento positivo é capaz de gerar alterações biológicas no nosso corpo e que a energia que emitimos pelo pensamento ultrapassa o nosso campo magnético em direção ao universo, que devolve algo semelhante, justificando assim a lei da atração, coisa que acredito muito, mas também entendo que isso é ciência, sem querer, nos dando material para entender como o organismo processa a nossa fé. Então, seja agarrado na fé ou na ciência, encontre a sua maneira de se tornar também antifragil!

Que Deus abençoe você!

Por fim, deixo um agradecimento especial à Leonina Campos Santos, minha mamãe, por me dar a honra de ser sua filha e me permitir compartilhar sua história que inspira todos que estão à sua volta e, agora, poderá inspirar milhares de pessoas. Te amo infinito.

3

A ESCADA DE MUDANÇA COMPORTAMENTAL

O SEGREDO DOS NEGOCIADORES DE REFÉNS

Salvar um refém durante um sequestro ou evitar que uma pessoa em intenção suicida acabe tirando sua própria vida é uma tarefa que exige muito controle emocional, muito preparo e, principalmente, muita técnica. Essa técnica, usada para transformar o comportamento de pessoas em situações críticas e por negociadores das tropas de elite da polícia espalhadas por todo o mundo, pode ajudar você também a mudar o comportamento do seu cônjuge, dos seus filhos, do seu chefe ou de qualquer pessoa com a qual se relacione. E se você pudesse conhecer o segredo por trás dessa técnica? E se descobrisse como influenciar o comportamento de alguém? É exatamente isso que venho trazer neste capítulo, para que você melhore a qualidade dos seus relacionamentos cotidianos.

RÉGES SILVA DE SOUZA

Réges Silva de Souza

Contatos
regespmdf@gmail.com
Instagram: @papa.mike.investidor
Youtube: papamike investidor

Palestrante, escritor, mentor de educação financeira e investimentos. Formado em Segurança e Ordem Pública pela Universidade Católica de Brasília. Negociador de crises e reféns formado pelo BOPE DF e RAID, elite da Polícia Nacional Francesa, em Paris, França.

A atividade policial é uma das mais complexas do mundo. O policial precisa saber de tudo, fazer parto, estancar hemorragia, consolar pessoas que perderam entes queridos, pular na água e salvar um afogado, atravessar pessoas na faixa de pedestres, dispersar tumultos, descer por cordas, pular muros, e o mais incrível de tudo isso, como diz a minha amiga Kelly, sem deixar a boina cair. Eu já fazia isso por mais de uma década quando me envolvi em mais uma ocorrência que teve alguns desdobramentos jurídicos, processo, perdendo folga para ir responder aos questionamentos da justiça, coisas que são rotineiras nesse tipo de atividade, no nosso meio é normal você ter que responder à justiça, o que não é normal é você ser condenado por ela, e isso eu nunca fui, só que isso cansa e eu cansei, cansei de ver pessoas cobrando produtividade, cansei de ser "pau pra toda obra", cansei de me arriscar, eu desanimei, cheguei ao ponto de questionar o que eu estava fazendo ali. Só que a vida me ensinou que, quando a gente cansa, é preciso aprender a descansar e não a desistir e, como um bom guerreiro, eu não desisti. Resolvi mudar os ares; havia chegado ao BOPE em abril de 2006 e, até então, eu só havia trabalhado na parte de patrulhamento tático e ações de choque, e em Brasília isso tem demanda para todos os dias. Foi então que eu decidi me especializar em outras áreas da polícia, e havia três opções que me chamavam a atenção: a primeira delas, e a que eu mais queria, era o curso de tripulante operacional, para trabalhar no helicóptero da Polícia Militar; a segunda opção era o curso de explosivista, para trabalhar no esquadrão de bombas do BOPE; por último, havia também o curso de negociador policial, que também era feito no BOPE. Eu comecei a treinar muito para a minha primeira opção, mas o curso foi cancelado. Na polícia, isso é normal; nem sempre as coisas saem conforme o planejado; a polícia é muito dinâmica. Então surgiu o edital para o curso de negociador policial logo em seguida, e eu decidi encarar esse desafio. A seleção de um negociador policial para a tropa de elite é bem interessante, consiste em prova de redação, teste físico, natação, salto de plataforma de dez metros de altura na água, avaliação psicológica e ainda tem o curso de formação, que daria aqui mais alguns capítulos de um livro. Fui selecionado, banquei minha etapa (como falamos entre nós), me formei negociador policial e, em dezembro de 2017, eu tive meu primeiro acionamento para uma ocorrência real como negociador; a vida de alguma pessoa estava precisando de nossa ajuda. No BOPE, os negociadores são acionados em alguns casos, que são eles: roubo frustrado com refém, rebeliões em presídios, atentados terroristas e pessoas mentalmente ou emocionalmente perturbadas que estejam colocando as vidas de outras pessoas em risco, e esse é tipo de acionamento mais comum que temos por lá, pessoas armadas com intenção suicida e pessoas que fazem seus próprios familiares reféns. E esse foi o motivo do nosso acionamento, uma mãe havia cortado a rede de proteção do seu apartamento no quarto andar de um prédio e ameaçava arremessar sua bebezinha pela janela.

No curso de formação de negociador policial, a gente aprende muitas coisas que não utilizamos só na polícia, mas na vida e, hoje, eu vou dar de presente um desses ensinamentos, que pode ajudar você a resolver muitos conflitos de forma não violenta. É uma técnica desenvolvida pelo FBI, nos Estados Unidos, e que tem ajudado a salvar inúmeras vidas ao redor do mundo. Essa técnica é chamada de escada da mudança comportamental e tem por objetivo mudar o comportamento de outra pessoa, e foi exatamente isso que aplicamos naquele dia. O primeiro degrau dessa escada é a escuta ativa, utilizar de técnicas que façam a pessoa falar e falar o máximo que ela puder para a gente conseguir o máximo de informações, para isso, começamos utilizando o porteiro do prédio, que era amigo da mulher, pedimos para ele repetir o que a gente falava, para mantê-la o mais próximo da porta e o mais distante da janela, até então a gente não tinha nenhum tipo de contato visual com ela no corredor no prédio onde estávamos. Depois de alguns minutos de conversa, pedimos para ele falar que estávamos ali para ajudar, e assim foi feito, assumimos a negociação, uma das coisas que fazemos durante a escuta ativa é utilizar de perguntas abertas, ou seja, perguntas que fujam do padrão de resposta sim ou não e que exija a formulação de frases, isso dá para a gente uma capacidade maior de entender o que se passa na cabeça da outra pessoa, e começamos a entender que ela estava muito irritada com o companheiro dela, eles brigavam muito e ele largava mulher e filha em casa, e saía para aprontar na rua, dava a entender que ele havia perdido o interesse por ela depois da gravidez, e esses sentimentos eram potencializados com o uso de drogas, e foi aí que passamos então para o segundo degrau da escada da mudança de comportamento, que é a empatia, que nada mais é que você se colocar no lugar de alguém e entender as dores dessa pessoa. Para ter empatia, eu não preciso concordar com o que a pessoa faz, eu jamais concordaria com alguém que quer arremessar um filho pela janela, mas começamos a entender que, na verdade, ela não queria acabar com a vida da filha, ela queria de volta a atenção do companheiro, e a gente começou a demostrar preocupação só com ela, oferecer ajuda a ela, fizemos o máximo para que se sentisse acolhida por nós e tivesse ali, por alguns minutos, a atenção que desejava. BINGO! Ela se ofereceu pra abrir a porta e conversar com a gente melhor, mas como dizemos lá no BOPE, nada é tão ruim que não possa piorar, quando ela abriu a porta, nos deparamos com a seguinte cena: uma mulher jovem, morena, um vestido surrado, com fisionomia assustada, uma mesa de vidro estilhaçada no chão, cacos de vidro por todos os lados, manchas de sangue dos pés dela por todo o apartamento, forno de micro-ondas caído no chão, cadeiras quebradas, a janela aberta e a rede de proteção cortada, e uma fralda suja de sangue que nos fez pensar que a criança poderia ter sofrido abuso, como se ainda não bastasse, vimos que ela agora ameaçava a criança não mais com a janela, mas sim como uma faca, e que não era das pequenas. Eu sei que, para quem não conhece a técnica, seria desesperador, mas para nós, depois que ela quis abrir a porta, já sabíamos que havíamos atingido o terceiro degrau da escada de mudança de comportamento, e chegamos à fase chamada *rapport*, que é a criação de uma relação, um vínculo, e como ela havia confiado em nós a ponto de abrir a porta, esse vínculo estava estabelecido, e depois acabamos entendendo que o sangue na fralda era dos pés cortados da mãe, ela havia usado para estancar o sangramento, um alívio para todos nós. Como vocês perceberam, passamos por três degraus: escuta ativa, empatia e *rapport*, e agora podemos acessar a parte de cima dessa escada e irmos para o degrau da influência. A partir desse ponto, já conseguimos sugerir algumas ações e, antes mesmo que a gente pedisse, ela disse que não faria nada com aquela faca e a jogou no chão. Como quem não quer nada, demos um chute na faca para que a equipe tática pudesse pegá-la e diminuir o risco, afinal de contas, a criança ainda estava no colo da mãe, e se a equipe tática tentasse agarrar a criança e a mãe viesse a cair no chão, em meio a tantos cacos de vidro, seria inevitável

36 Histórias singulares que inspiram

que elas se machucassem, e muito, mas como havia dito, já estávamos no degrau da influência e sugerimos que ela saísse daquele ambiente e viesse para o corredor, onde ela e a criança estariam fora de risco, e a mãe pudesse ser examinada por uma equipe dos bombeiros, e com um pouco de resistência, por conta da proximidade da equipe tática, ela demorou um pouco, mas acabou indo, e foi aí que atingimos o último degrau da escada, que é de fato a mudança de comportamento, saímos de uma mãe transtornada que queria acabar com a vida da filha para uma mãe carente que queria ser ajudada. Diante da gravidade dos fatos e da possibilidade de recaídas, o comandante da operação determinou que, no corredor, fora de perigo, a equipe tática pegasse a criança e a retirasse de vez dali, e assim foi feito, a mãe foi contida e levada para atendimento médico, e a criança estava ali, nos nossos braços, fora de perigo, salvamos a vida dela! Foi ali que a minha ficha caiu, lá atrás, desanimado, cansado, passou aquele filme na minha cabeça, que não era sobre mim, não era sobre as minhas vontades, os meus desejos, era sobre o próximo, era ser instrumento de mudança na vida do outro, e não na minha, que quando a gente foca em mudar para melhor as vidas de outras pessoas, melhorar a nossa vida é consequência. Seguindo essa linha de raciocínio, lembro então de um certo conto africano que narra um experimento feito por um antropólogo que queria entender um pouco mais da cultura daquele povo e, então, propôs uma brincadeira; ele colocou uma cesta recheada de frutas perto de uma árvore e disse para as crianças que, quem chegasse primeiro na corrida até as frutas, poderia ficar com todas elas. As crianças se posicionaram na linha de partida e, quando foi dada a largada, uma ação inusitada aconteceu: as crianças deram as mãos e foram juntas até o cesto de frutas, chegaram lá e dividiram todo o prêmio. O antropólogo perguntou por que ninguém quis chegar primeiro e ficar com todas as frutas e, então, uma das crianças respondeu: "Ubuntu". Como que uma pessoa poderia ficar feliz vendo todas as outras tristes? Ubuntu é uma palavra que pode ser entendida como "eu sou porque nós somos". Ubuntu para todos nós!

4

DA FALTA DE CONFIANÇA AO MULHERES FORTES!
DOR, RESILIÊNCIA E RESSIGNIFICAÇÃO EMOCIONAL

O passado te prende? Você se sente impotente e sem confiança diante dos seus sentimentos? Percebe sua história sem valor? Quem se interessaria? Eu já me senti assim. O medo, a dúvida, a angústia, a baixa autoestima e a frustração são atrelados ao desejo de realizar sonhos, conquistas e alcançar a tão sonhada prosperidade na essência do seu significado: determinação e equilíbrio na obtenção daquilo que se deseja de forma física, emocional e espiritual. Como seria possível? Você também se pergunta ou já se perguntou como? Esses questionamentos me levaram por uma estrada de respostas e descobertas que está acessível a todos, mas só a encontra quem realmente não aguenta mais viver sob as mesmas circunstâncias. Convido você a vir comigo.

MARIANGELA NASCIMENTO BEZERRA DE PAULA

Mariangela Nascimento Bezerra de Paula

Contatos
mariangela.nbpaula@gmail.com
psicologa.mariangeladepaula@gmail.com
Instagram: @mariangela.nbpaula
@movimentomulheresfortes
LinkedIn e Facebook: Mariangela Nascimento Bezerra de Paula

Psicóloga, *master coach* pelo IBC (Instituto Brasileiro de Coach). Especialista em gestão de pessoas em resiliência; analista comportamental pelo IBC. Palestrante, escritora e mentora.

Agradecimentos

A vida é um presente que deve ser apreciado todos os dias. Agradeço a Deus, que me deu a vida, a Jesus, que me deu uma segunda chance e ao Espírito Santo, que me faz ir além. Ao meu amado esposo, Anderson Pinheiro, que me impulsiona a dar o melhor de mim e acreditar todos os dias. Sem seu olhar, palavras, reconhecimento e amor, eu não estaria aqui. Às minhas filhas Marina e Marianna, por me amarem e expressarem esse amor por seus sorrisos. Aos meus pais Antônio Gomes (*in memorian*) e Matilde Nascimento, que me educaram, me formaram com um caráter íntegro, honesto e temente a Deus, amo vocês. Aos meus líderes espirituais, Apóstolo Idilmar Afonso e Denise Gomes, guardo cada ensinamento em meu coração. À minha irmã Meire Elen, sua vida é uma alegria na minha. À família e a todos os amigos que me ajudaram com palavras e ações, vocês fazem parte da minha história. A todos da Igreja Tabernáculo em São Paulo e Rio de Janeiro que oram por mim. Minha amiga Aline Oliveira, você foi um instrumento de Deus e me fez enxergar a Kelly. E a você, Kelly Singularidade, Deus a chamou e você fez acontecer.

Dedicatória

Dedico este livro a você, que sonha, luta, chora, dá risadas, cai, se levanta, ora, pensa, sente, insiste, persiste, busca seu propósito e ama a vida. Cada um de nós possui talentos únicos e singulares; experiências vividas que, por meio de suas pressões, nos tornam verdadeiros diamantes. Que a minha história se cruze com a sua por meio desta leitura e o impulsione a acreditar, despertando ainda mais a luz de Deus que há em você.

Vencendo o sentimento de falta de merecimento

Olhos grandes e fundos, como minha mãe me chamava. Minhas memórias de infância começam em uma avenida de casas onde morávamos em Belford Roxo, RJ. Estou no colo de alguém sentada de madrugada, acho que minha mãe, à beira de um poço junto às minhas tias do lado de fora da nossa casa. Lá dentro, a briga está comendo solta, homens embriagados, palavrões e barulhos de copos, garrafas e móveis quebrando. Do lado de fora, mulheres com medo, chorando, sem saber o que fazer. Eu deveria ter uns 4 ou 5 anos talvez.

Essas "festinhas" sempre aconteciam na minha casa. Não sabia o motivo, mas me lembro de ficar debaixo da mesa, escondida, roubando copos de cerveja e tomando tudo, recolocando o copo vazio no lugar antes das brigas começarem efetivamente. Na minha cabeça, estava apenas pregando uma peça nos adultos, mas na realidade, estava sendo inserida ao mundo alcoólico sem saber.

Mamãe se aventurou vindo do Nordeste aos 12 anos de idade. Morou de favor na casa de primas e trabalhou de babá e doméstica em casas de família na zona sul do Rio de Janeiro. Ela conta que, ao conhecer o papai, deixou de ir à escola para ficar namorando. Ficou grávida e decidiram morar juntos. Foi uma gestação complicada e um período difícil. Contudo, papai continuava a frequentar os bares e fazer suas serestas, enquanto ela passava muito mal da gravidez, tendo apenas 19 anos de idade. Cheguei, uma linda menina, roubando a pouca atenção que minha mãe tinha do meu pai, que era dez anos mais velho que ela.

Papai trabalhava como frentista em posto de gasolina. Seresteiro, chegou a fazer uma canção para mim quando nasci. Mais tarde, ao ouvi-la, me sentia constrangida e com vontade de chorar, não sabia o porquê, mas hoje sei que era por me sentir amada por ele, eu o amava também. Tocava violão, acordeon e pandeiro, tudo de ouvido. Queria ter sido músico, uma oportunidade que lhe foi impedida na juventude. Sempre contava a história de um certo CORONEL que, vendo-o tocar acordeon, quis levá-lo para fazer parte da banda de músicos e servir na Marinha, mas a família ficou com medo e não o deixou ir. Carregava consigo essa frustração e tentava superá-la nas festas de família, bares, tocava e cantava a noite toda. Era bom nisso, sendo ele o centro das atenções.

Assim, nasci em uma família de pais nordestinos que migraram para o Rio de Janeiro, fugindo das lavouras do sertão da Paraíba, buscando uma vida diferente na cidade maravilhosa. Nos tornamos cinco, minha mãe deu à luz dois irmãos, um menino e uma menina. A vida era difícil, morávamos de aluguel, só papai trabalhava para alimentar a esposa, três crianças e manter sua vida de bares e festas. Crescemos em meio a brigas e insegurança. Quando papai chegava em casa bêbado, depois de brigar com mamãe, gostava de dar conselhos para os filhos. Queria falar palavras difíceis, não suportávamos isso, era muito incongruente, pois só queria "ensinar" algo na sua embriaguez. Sóbrio, não conseguia conversar conosco nem se aproximar da família devido à timidez, vergonha ou ressaca.

É na primeira infância, do primeiro ao sétimo ano de idade, que a criança absorve tudo que é dito pelos pais e pessoas de autoridades como verdades absolutas. Foi nessa época, devido às brigas e à dificuldade na família, que comecei a desenvolver sentimentos e crenças relacionadas à minha autoimagem.

Sempre fui meio distraída e artística; puxei esse lado de papai; não ligava muito para arrumação. Lembro que minha mãe sempre reclamava que eu não a ajudava em casa e dizia, entre outras coisas, "quando você tiver sua casa, o lixo vai dar no meio da canela". Uma menina parda, mistura de nacionalidades portuguesa, negra e indígena. Cabelos encaracolados e difíceis de pentear. Qual criança que gosta de pentear o cabelo? Eu não, doía muito. À medida que eu crescia, meus cabelos roubavam a cena.

Na época não havia tantos cremes para cuidado de cabelos cacheados como hoje. Ohhh TCHACA, vem aqui! Mamãe me chamava. Esse era o nome da personagem de um filme antigo, chamado "O Elo Perdido". Era uma menina ou monstrinho das cavernas, seus cabelos eram embaraçados, suja e quase não se via o rosto dela. A personagem era coadjuvante e sem importância na série. Isso me marcou, questionava: será que minha mãe não gosta de mim? Cresci com esse sentimento de rejeição.

Como eu reclamava muito para pentear os cabelos, minhas tias sugeriram à minha mãe: "Corta o cabelo dessa menina igual Joãozinho, já que ela não gosta de pentear". Pressionada pelas irmãs, foi o que ela fez. Aqui eu comecei a me desconectar da figura materna como protetora na época, enquanto ela cortava meu cabelo, de alguma forma nosso relacionamento foi abalado. Eu me desconectei também de mim, pois a visão que tive é que não tinha importância.

Na adolescência, me desenvolvi magra, com espinhas e cabelo joãozinho. Ninguém sabia se eu era menino ou menina. Eu me introverti e entrei em um modo de funcionamento paralelo. Senti que me despersonalizei do meu lado feminino. Era só mais uma pessoa. Adquiri uma anemia, doença vista pela psicossomática que envolve a falta de confiança em si mesmo. Não ligava para a minha aparência, era como se eu não existisse, pois não tinha valor no mundo.

Lembro que meu pai sempre dizia: "Filha, você é linda, muito inteligente e pode conseguir tudo o que quiser". Essa fala gerou em mim uma crença positiva que me fortaleceu e me ajudou a superar situações difíceis e desafios. No entanto, ainda na adolescência, quando eu repetia em voz alta essa afirmação, minha mãe rebatia: "Você não é tudo isso, não, para ser boa tem que melhorar muito". O que doía mais não era a fala, mas o olhar de confirmação do que ela estava afirmando. Entendo hoje que ela não fazia por mal, havia uma intenção positiva, estava tentando me proteger de viver a própria dor.

Mas eu não estava pronta para me proteger dessas palavras e deixei aquela dor da não valorização entrar em mim pela figura de autoridade da minha mãe. De alguma forma, achava que atrapalhava o relacionamento deles. Mesmo assim, eu a admirava, com seus cabelos lisos de touca, passava o pente e não eram embaraçados como os meus. Como ela era linda!

Essa reprovação não intencional por parte de mamãe me fez desenvolver uma crença central limitante, gerando um forte sentimento de inadequação, que descobri bem mais tarde ao cursar Psicologia, chamada de DESVALOR ou DESVALIA. O que é isso? Desenvolve-se a certeza inconsciente e irracional da incompetência, da falta de capacidade. A pessoa tem total convicção de que seus esforços não serão suficientes para alcançar o êxito em alguma atividade. O fracasso é algo que não sai de sua cabeça.

Com um grande vazio emocional, comecei a namorar cedo. Buscava nos rapazes a segurança de ser aceita. Porém, quando eles tentavam avançar o sinal, eu recuava, pois me assegurava nos conselhos do papai. Lembra que ele aconselhava os filhos quando estava bêbado? Pois é, mesmo não gostando do seu estado, eu guardava esses conselhos. Um deles foi referente a relacionamento amoroso. Ele dizia: "Filha, nenhum homem gosta de mulher rodada. Se guarde para a pessoa certa". Esse conselho me norteou por muitas vezes.

Porém, não me livrou de me relacionar com a pessoa errada inicialmente, pois era carente da figura paterna. Não tenho recordações de abraços e carinhos de meus pais. Logo, o conselho era bom, mas seu comportamento tirava a força dos seus ensinamentos. De nada adianta você falar a coisa certa, mas se comportar de maneira errada, porque o que fica impresso, principalmente na relação pais e filhos, é o seu comportamento. Comecei a trabalhar cedo para ajudar no orçamento familiar. Papai adoeceu e perdeu o emprego. Mamãe fazia faxina e às vezes eu ia no lugar dela, pois minha irmã menor precisava de alguém que tomasse conta dela. Nunca desisti dos estudos, com toda essa dificuldade, eu não deixava de ir à escola, amava estudar. Na verdade, as palavras da minha mãe ecoavam em minha mente: "Estuda, senão vai acabar como eu". E esse direcionamento me governava por dentro.

Aos 17 anos, passamos por um acidente natural de fortes chuvas de verão no RJ, o local onde morávamos inundou e perdemos todos os móveis. Tivemos que sair de casa à noite carregando algumas roupas e fomos dormir no aviário de uma amiga da minha mãe, na parte alta do bairro, onde não havia inundado. Até hoje, me lembro do cheiro das fezes dos frangos. Decidi naquela noite que não passaria por aquela situação novamente. Com esforço, terminei o antigo 2º grau, sonhando com a faculdade. Cheguei a me inscrever para o concurso da Marinha, mas não pude me dedicar aos estudos como queria, pois minha família precisava de mim contribuindo com o orçamento e fui trabalhar.

A grande virada em minha vida aconteceu quando estava trabalhando em um posto de gasolina como frentista. Já havia me decepcionado com relacionamentos que não deram certo. Era muito assediada pelos clientes do posto. Até que um dia, após um desses assédios, olhei para o céu e falei com Deus da seguinte forma: "Se você realmente existe, coloca um homem teu na minha vida, para que eu não venha a me perder e me tornar uma vergonha para os meus pais. Tira-me dessa pista, pois eu não vou suportar tantas cantadas". Sem saber, estava orando com toda a verdade do meu coração.

Após um tempo, conheci o amor da minha vida, que hoje é meu esposo. Ele me contou mais tarde que, no dia em que nos conhecemos, chegou em casa e disse à mãe dele: "Acabei de conhecer a mulher da minha vida, vou me casar com ela". Foi ele quem um dia me fez o convite de irmos à igreja. Nesse dia, aconteceu algo sobrenatural comigo. Estávamos no portão da minha casa e ele, todo sem graça e com medo de que eu não aceitasse, me convidou para ir ao culto.

Eu me lembro que, nesse momento, tudo parou, era como se ele tivesse ficado congelado, as pessoas na rua também e uma voz no céu me chamou e disse: "Você me pediu alguém meu, mas eu não tenho só isso para você!". Naquele momento, meu coração disparou e fui levada àquela conversa que tive sozinha, em pé no posto de gasolina, desafiando Deus. Ele não só existe, como me respondeu e me fez uma promessa de que tinha algo mais para mim. Foi uma explosão de consciência. De repente, tudo voltou a se mover e eu disse para o Anderson: "Sim, vamos a essa igreja".

Eu até me emociono ao lembrar, já faz 25 longos anos dessa história, mas a experiência é real em mim. Nesse tempo, recebi e aprendi a doar conhecimento da Sua palavra, servindo ao lado do meu esposo como pastora em um ministério. Há um versículo que diz: "Eis que a mão do SENHOR não está encolhida, para que não possa salvar; nem fechado o seu ouvido, para não poder ouvir" (ISAÍAS 59:1). Ele ouve. Basta que você fale com Deus com toda a força do seu entendimento e coração. Ele pode atender à sua necessidade, mas o que realmente deseja é preencher você com o seu amor e salvação. Você pode inclusive falar com Ele agora mesmo e, no tempo certo, a resposta virá.

Fui ouvida e salva por Ele. Pois foi esse o plano que Ele tinha para mim, me dando o seu amor e perdão. A partir desse dia, uma nova Mary nasceu e pude me lançar para os passos do crescimento em todas as esferas: corpo, alma e espírito. Eu me batizei, casei-me, ajudei e me reconectei com meus pais, perdoei e compreendi minha mãe, construí um bom relacionamento com meus irmãos e família, compramos uma casa, fiz faculdade, fui mãe. Mudei-me para São Paulo, a cidade das oportunidades. Aqui me lancei no novo desafio de transição de carreira, optando pela Psicologia. Voltar aos bancos da faculdade aos 39 anos, sempre lutando com a autoimagem. Eu me formei, já saí atuando e continuo estudando.

Meu objetivo de vida hoje é estender a mão e ajudar com o meu melhor atendimento aqueles que procuram ressignificar a sua história de vida. Não é fácil se livrar de crenças limitantes implantadas na infância e desconstruir uma autoimagem negativa. Mas pelo autoconhecimento você pode ressignificá-las. Se eu pude, você também pode. Existe dentro de você um atributo, que já nasceu com você, chamado RESILIÊNCIA. Entre outros, esse foi um fator característico que me auxiliou na superação de obstáculos, desenvolvimento de flexibilidade cognitiva e comportamentos voltados para o propósito de vida, ser o melhor de mim, com uma autoimagem positiva, a imagem que Deus restaurou em mim.

Quais são os seus sonhos? Aonde você anseia chegar? Muitas vezes, temos sonhos mas não sabemos como realmente realizá-los. Você sabe por quê? Porque, antes de realizar o sonho, você precisa conhecer o dono do sonho. Você se autoconhece? Quais seus princípios, valores e crenças? Quais pessoas você precisa perdoar? A realização do sonho não está na concretização dele em si, mas na manifestação da alma do seu autor, imbuído no processo todo em que ele está sendo implantado.

Entre outros projetos, tenho realizado o sonho de ajudar mulheres a se conectarem consigo mesmas, descobrindo suas forças internas sem perder suas doçuras e as expressões corretas das suas vulnerabilidades. Sou idealizadora do movimento MULHERES FORTES, cujo objetivo é levar autoconhecimento, gerar *networking* e novas possibilidades para mulheres se descobrirem e realizarem os seus sonhos. Foram as dores que me fizeram lutar para provar o meu VALOR. Foi o amor de Deus que me devolveu a VERDADE de quem eu sou. Adquiri nesse propósito uma FORÇA que não sabia e que me fazia LUTAR para conquistar objetivos de SER alguém na vida. Eu me tornei uma MULHER FORTE, aceitando as minhas fraquezas.

Gratidão por ler a minha história. Seja inspirado(a) a tomar posse da sua. Decida enfrentar suas dores, fale com o Autor da Vida, Ele responderá. Desenvolva-se e busque autoconhecimento, mentores, pessoas que o(a) ajudem e orientem em sua jornada. A sua história pode ajudar alguém a se reposicionar e florescer na vida. Se você se conectou comigo, não tenha dúvida, precisamos nos conhecer. Aguardo você!

5

REVIVER

REVIVER é dar-nos a oportunidade de voltar à vida, de renascer, de encontrar uma nova força que nos impulsione ao nosso melhor. Às vezes, estamos tão fragilizados e machucados que não sabemos como sair do lugar; não nos reconhecemos; estamos desconectados da nossa essência; estamos à procura do nosso espaço e precisamos de ajuda. O método REVIVER é baseado na minha história de vida e acredito que ele possa inspirar você a se reconectar com seu melhor.

AMANDA DE CÁSSIA ZANUTIM SIQUEROLI

Amanda de Cássia Zanutim Siqueroli

Contatos
www.azdesenvolvimentohumano.com.br
amanda@azdesenvolvimentohumano.com.br
19 99625 6432

Durante toda a minha vida, me achei meio estranha por acreditar incondicionalmente no SER HUMANO. Meu lema sempre foi: a mim, basta fé, amor e boas ações, e o mundo conspirará a favor. Realizei grandes sonhos, construí uma bela carreira no mundo corporativo, conheci 13 países, comprei carro, apartamento, me casei e tive minha filha. Estruturei meu negócio, me dediquei à maternidade e à paixão por ser esposa e do lar mas, nesse contexto, me perdi de mim, enlouqueci e descobri que podemos REVIVER para algo novo que nos conecte à nossa essência, ao que, de fato, tem significado e propósito.

Psicóloga, com MBA Executivo em Gestão Empresarial, estudiosa da Psicologia Positiva, Educação Emocional Positiva, Logoterapia e Terapia dos Esquemas.

Vivemos em um mundo tão acelerado que, em alguns momentos, apenas sobrevivemos. Muitas vezes, estamos tão fragilizados e machucados que não sabemos como sair do lugar, pois a sensação que temos é que o mundo gira e que não temos onde ficar, estamos à procura do nosso espaço. Não sabemos mais como viver. Desconectados da nossa essência, percebemos que é preciso voltar à vida, renascer com uma nova força que nos impulsione para o nosso melhor, e que nos faça reviver.

Foi assim que eu desenvolvi o REVIVER: um método baseado no meu aprendizado, o qual surgiu a partir das minhas experiências em um momento muito difícil que atravessei. E depois de ter passado por cada etapa desse processo de autoconhecimento profundo, decidi estruturar cada fase e consolidá-las em uma metodologia baseada na minha história, ancorada em vários conceitos psicológicos, para a partir disso dividir com outras pessoas, porque acredito que esse método é um processo de desenvolvimento que pode inspirar, acolher e ajudar a curar.

Meu processo começou quando me perdi de mim. Nem eu mesma me reconhecia, porque eu tinha tudo que sempre sonhei: uma família tradicional, marido, filha, cachorro, uma casa ampla com todo conforto material e total estabilidade financeira. Mas, a cada dia, sentia um vazio crescente e tentava me reconhecer. Eu me sentia como se estivesse procurando um lugar no mundo e não me reconhecia física ou emocionalmente. Havia ganho mais de 30 quilos em 2 anos e o meu sorriso e a alegria pela vida, que sempre foram tão espontâneos, precisavam ser exercitados, pois não os sentia mais. Eu buscava desesperadamente por coisas que pudessem me dar momentos de felicidade e leveza, porque as coisas me irritavam e estava sempre impaciente e descontente. Isso me incomodava muito, pois esse jeito não me representava. Eu tinha a vida que sempre sonhei, tudo que imaginei ser o ideal de felicidade estava diante de mim, mas ainda assim estava perdida.

Eu sempre fui uma pessoa apaixonada pela vida, criada por uma mãe incrivelmente otimista e repleta de fé, aprendi a olhar o lado bom de qualquer situação. E mesmo quando eu atravessava momentos ruins, evitava o contato com a dor, amenizava meus buracos com comparações a outras dores que julgava maiores que as minha. Mas isso, na verdade, só me afastava ainda mais da minha dor e me impedia de dar uma virada na minha vida.

Então, para eu sair do lugar onde estava, foi preciso dar o primeiro passo: RECONHECER, foi preciso admitir que as coisas não estavam bem e que aquela pessoa não era eu. Não era normal viver daquela forma, triste, sem apoio, validação ou reconhecimento, e sempre acreditar que tinha culpa de todos os meus problemas e que eu era a responsável por todos os transtornos devido ao meu jeito de ser.

Exercitava todos os dias RECONHECER as dores para buscar a cura e, por outro lado, RECONHECER com gratidão genuína o que de bom eu vivia, porque para tudo há um propósito e sentir na alma a gratidão nos eleva e nos conecta com a espiritualidade.

A partir disso, uma frase tão conhecida de Mahatma Gandhi: "Seja a mudança que você quer ver no mundo" começou a trazer um significado consistente para os meus dias. Entendi a profundidade dela quando fui capaz de compreender que precisava pensar amplamente e agir onde eu alcançava. Isso foi decisivo para mim, compreendi que não poderia controlar tudo, muito menos sentimentos e emoções do outro. Passei a ter um olhar mais profundo às minhas questões, aos meus medos, e segui em frente, no caminho do autodesenvolvimento e da expansão de consciência.

Quando sabemos aonde queremos chegar e começamos a procura, certamente vamos ENCONTRAR pessoas e recursos que serão fundamentais e necessários nessa jornada. Durante meu processo, fiz terapia de casal, terapia individual, acupuntura, *coaching*, meditação, ioga, massoterapia e tive acompanhamento com psiquiatra e nutricionista. Voltei a ler, estudar e assistir a vídeos que pudessem me ajudar a ampliar minha consciência. Fui compreendendo o poder da nossa mente e a importância de se conectar com o que de fato faz sentido para nós. Esse processo foi, e ainda é, longo, exige consistência e disciplina, mas o mundo vibra a favor daquilo que toca a alma e o coração.

Conforme seguia a passos curtos e constantes, encontrei pessoas que contribuíram com meu crescimento, aprendi a falar de outro lugar como se eu tivesse entrado em uma outra sintonia, e as coisas começaram a fluir. Não que tudo estivesse bem, mas as experiências tinham um sentido maior.

Eu me senti acolhida por todos os que passaram pela minha vida nessa fase tão dolorida, e a cada contato percebia aqueles que mais se conectavam comigo, e as coisas iam acontecendo naturalmente. Mas tudo exigia de mim uma força de vontade para mudar, não tinha ainda a consciência que tenho hoje, mas ao menos sabia que precisava de ajuda. A responsabilidade de estar daquele jeito era minha, eu era um ser livre para fazer as escolhas e, portanto, me movimentei e segui.

Nesse estágio, eu já era capaz de VALIDAR cada conquista, cada passo dado, cada nova mudança, legitimar a minha transformação, mesmo que pequena, e mesmo que parecesse simbólica, era necessário. Aprendi a me valorizar e me reconectar com o meu bom, compreender e acolher as dores e, a partir delas, pensar em novas atitudes e comportamentos. E eu já via em mim a mudança que esperava no outro. Não foi fácil, mas contei com a orientação, acolhimento e ajuda de bons profissionais, da minha família e amigos. Eu estava aberta a uma transformação, algo muito forte dentro de mim, e minha fé incondicional a um Deus infinitamente bom e justo me dava a certeza de que tudo faria sentido depois, e que a mim bastava fé, coração bom e boas atitudes.

Nessa fase, aprendi o valor de não "sangrarmos" no outro nossas necessidades. É libertador quando nos conhecemos e somos capazes de validar o bom e cuidar das dores. É um caminho sem volta, pois à medida que vamos tomando mais consciência do nosso funcionamento, algumas coisas e pessoas deixam de ter tanto espaço e abrem lugar para que outras cheguem. É quando aprendemos a exercitar a nossa comunicação e nomear sentimentos e emoções.

Mas nada acontece da noite para o dia, é preciso muita disciplina, perseverança, é preciso INSISTIR. É como dizer "não desista", "insista", "siga, apenas siga"... e sempre que preciso, volte ao começo: RECONHEÇA – ENCONTRE – VALIDE – INSISTA.

Quando iniciamos esse processo, à medida que caminhamos, as coisas ficam mais claras, encontramos dentro do nosso coração, da nossa alma, as "caixinhas" para guardarmos as experiências. Além disso, aprendemos a nos comunicar melhor, pois passamos a falar de nós mesmos com mais honestidade, com mais assertividade e segurança, porque compreendemos que não somos mais uma criança vulnerável e que somos capazes de sermos adultos saudáveis e, mais do que isso, seres humanos melhores que ainda podem contribuir para transformar e inspirar a vida de muitas pessoas.

Passamos a VISUALIZAR o mundo sob outra ótica, é como se desabrochasse dentro de nós uma força superior que nos conecta ao outro, e como diz o psiquiatra Viktor Frankl, passamos a ter maior consciência de que "o ser humano sempre se dirige e é dirigido para algo ou alguém além dele mesmo", e é justamente esse movimento que nos torna humanos e traz o verdadeiro sentido para a nossa vida. Quando compreendemos essa transcendência, somos todos interdependentes.

Entender o porquê de acordar todos os dias nos ajuda a trabalhar por algo ou alguém, nos inspira a criar, provoca em nós a vontade de viver experiências, exercitar o nosso melhor, e com vontade somos capazes de ESTABELECER metas, objetivos, e de dar vida a projetos que coincidem com nossa missão, e do nosso jeito, compreendemos a necessidade de tomar atitudes.

Assim, minha vida foi se transformando. Na parte física, eliminei mais de 20 quilos com alimentação saudável e atividade física. Na parte intelectual e psicológica, retomei os estudos, desenvolvi minha consultoria, aprendi a me comunicar sem medo do abandono ou rejeição, entendi que posso tudo o que eu quiser e que não é preciso estar inteira para ter uma troca saudável. Precisei compreender o meu funcionamento e colocar limites com uma comunicação assertiva e honesta.

Estamos a todo momento sendo convidados a experimentar essa vida, a criar relações e evoluir. A escolha é individual, livre e depende única e exclusivamente de cada um.

Olhe com amor para seus recursos psicológicos, olhe com carinho para o seu melhor e acolha as suas vulnerabilidades. RECONHECER será sempre o primeiro passo, vá em busca de pessoas e recursos, pois você vai ENCONTRAR. Se dê essa oportunidade, pare e bloqueie qualquer movimento que sabote você, permita-se viver o novo, passe a se VALIDAR, ou seja, a legitimar suas ações, emoções, pensamentos e, mesmo que muitos achem você estranho, esquisito, diferente ou até meio louco, siga em frente, acredite na sua voz interior, INSISTIR será a sua decisão, não crie desculpas, a responsabilidade da escolha é sua, não desista. Acredite no novo, passe a VISUALIZAR todos os dias como quer viver a vida, viver esse momento abençoado, imagine e passe a ESTABELECER seus objetivos e metas. Escreva, pense e coloque em ação, pois a vida é dinâmica, tenha certeza de que a todo momento vamos RECOMEÇAR, tenha fé na vida de REVIVER todos os dias por um mundo mais humano e feliz.

Ainda há muito julgamento e pouco acolhimento, o caminho do amor sempre vai dar certo. Ir por esse caminho não significa se anular, significa acreditar no SER HUMANO. Acredito em mim, acredito em você e acredito em um mundo melhor. Se conseguirmos compreender o milagre da vida e o poder da transformação, juntos vamos evoluir, pois estamos aqui e vale a pena cada experiência, vamos viver... Por fim, agradeço muito às pessoas que seguraram a minha mão, que se dedicaram genuinamente a me escutar, a me acolher, secaram tantas lágrimas, me encorajaram. Muito obrigada, sinto essa gratidão em meu coração e vibro coisas boas para cada uma delas, e creio que, se chegaram até mim, foi por uma conexão maior, sublime e inexplicável aos nossos olhos.

Minha família, meu tudo, que amo com o amor mais puro e genuíno, muito obrigada!

6

FORÇA DE UMA CRENÇA
QUANDO O ESCURO NÃO É AUSÊNCIA DE LUZ

Dentre tantas ambições, anseios e distrações da vida, muitas vezes, deixamos de lado quem mais amamos e o que realmente importa, a FAMÍLIA, e nos perdemos durante o processo de amadurecimento. Trago, pela minha experiência, uma ótica sobre relacionamentos, papéis no lar, trabalho, posição e a importância de uma vida com Deus. Um *teaser* sobre acreditar, mudar e realizar. É sobre construir uma base de verdade, em que o amor, o perdão e a gratidão são as sementes da transformação. Você é o meu convidado, bora!

CAROLINA REHEM

Carolina Rehem

Contatos
carolinarehem@gmail.com
Instagram: @carolina.rehem
LinkedIn: Carolina Rehem

Esposa, mãe, consultora comercial, formada em Marketing e amante da moda. É aquela que exala essência e governa em tudo que faz. Ama pessoas; estudo sobre diversas áreas de desenvolvimento espiritual e humano; acredita que conexão é o início de tudo. Quer ser ou fazer a diferença? Então, comece despertando sua essência com o apoio de sua família, usando o posicionamento e o *branding* como ferramentas, você descobrirá quem realmente é.

Somos aquilo que pensamos
(Pr: 4,23)

Maior é aquele que serve
(Lc: 9,46)

Um sonho e uma história muito parecida com as de outras mulheres, outras famílias. História, às vezes, difícil de falar, fácil de calar e muito a observar. Porém, um dia fui cobrada, eu precisava transbordar, transformar, sei que sua vida vai mudar.

Abra seu coração e se prepare para embarcar nesta história real, que é minha ou de quem realmente acreditar.

Tudo começou no ano de 1992, quando conheci o Anderson, eu com 14 e ele com 16 anos. Nunca mais nos separamos, estávamos sempre nos mesmos lugares, nosso namoro ficou firme após três anos, e de lá para cá, são 26 anos juntos, sendo nove de namoro 17 anos de casada.

Quem é ele?

Ele é um homem segundo o coração de Deus, meu protetor, minha base, minha calmaria; ele dá a vida por nossa família; estamos sempre em primeiro lugar; sua alegria é a nossa felicidade. Ele é meio (0,5), eu sou meio (0,5) e, juntos, totalizamos um inteiro (1), que é o que somos diante de Deus, a unidade de um corpo por inteiro.

União é estar no mesmo saco da laranja, porém unidade é o suco espremido dessas mesmas laranjas, entenderam? Não tem como separar depois que espremeu.

Mas não foi sempre assim, nossas vidas não foram um conto de fadas, nem de longe podem ser consideradas um filme de romance americano.

Certa vez, ouvi: "Se apaixonar a cada dia por uma nova pessoa é fácil, difícil é se apaixonar todos os dias pelo mesmo homem".

Confesso que não foi difícil, sabe por quê? Porque sempre enxerguei com os olhos do coração. Trilhamos uma vida cheia de sonhos e objetivos, como todo jovem casal. Mas faltava base, maturidade, experiência, desenvolvimento pessoal, inteligência emocional, relacionamento com Deus e até um casal mais preparado que nos orientasse nesse início da jornada.

As pessoas se calam, têm medo, não querem influenciar, sei lá.

Eu, ao contrário da maioria, quero dividir, quero que você não erre nas mesmas coisas que eu e que aprenda rápido para avançar.

Não importa quantos anos você está casado ou casada, o que importa é que hoje decidiu mudar. Parabéns! A partir da sua decisão que uma nova nação será transformada.

Sua casa é uma nação, seu marido, sua esposa e cada um dos seus filhos representam um governo e, para que dê certo, precisam viver em unidade, desfrutando, aprendendo e transbordando diariamente.

Que minha história sirva de inspiração e conforto para sua vida. Boa leitura!

Olá! Vou me apresentar

Eu sou Maria Carolina Gonçalves Rehem Cepeda, mais conhecida como Carol e, por Deus, como "menina dos olhos

Dele", uma mulher determinada, que sempre soube o que queria e aonde chegaria, focada, resiliente, que nunca mediu esforços para ter uma vida excepcional ao lado da família.

Aquela que abria mão do que queria para servir os outros em primeiro lugar, que não sabia falar *não*, que achava que tinha uma força sobrenatural, que aguentava todos os tropeços da vida, que controlava tudo. Que estava sempre sorrindo e feliz, mesmo que por dentro o coração estivesse dilacerado.

Como filha, eu sempre estava lá, obediente e observadora. Como irmã, sempre fui boa ouvinte e reservada, agradeço a meu pai Milton e minha mãe Inalda pelo lar que nasci. Sou a filha mais nova de três irmãos, fui a primeira a casar, a primeira a ter filho. Quando adolescente, era considerada pela minha família a "sossegada", mal sabia que dentro de mim batia um coração em ritmo acelerado pela vida.

Como esposa, me parecia muito com Marta (a da Bíblia), aquela que nunca parava, sempre cheia de afazeres. Como mulher, nunca fui de olhar para trás, todos os dias me levantava com a força de uma leoa para fazer o que precisava ser feito. Preguiça? Corpo mole? Nunca tiveram espaço na minha vida. Cheia de saúde, alegria e com sorriso largo no rosto, somados a olhos que brilhavam de otimismo e fé no coração, eu sempre começava meus dias.

No trabalho, uma característica marcante, a liderança. Impulsionava e influenciava as pessoas a meu redor. Curiosa e interessada, alcancei posições de destaque. Destemida, articulada e resolvida, sabia que não estava a passeio na vida, nunca aceitei qualquer condição que não fosse a de governo, mesmo que só tivesse consciência anos mais tarde.

Porém, muitas vezes essa "força" me confrontava, me sentia exausta, abalada física e emocionalmente, tinha vários bloqueios que só entendi recentemente.

Carolina Rehem

Vivi situações fora e dentro da família, com as quais me sentia inferiorizada e incapacitada. Não aceitava aquela condição e me colocava ainda mais à frente do trabalho, como se quisesse provar algo para mim e para o mundo.

Um sentimento de indignação que usei como combustível para fazer a diferença por onde eu passava. Sem perceber, ia deixando minha marca e construindo meu legado.

Aparentemente, nada tão diferente de tantas outras mulheres. Tinha tudo mas, ao mesmo tempo, faltava muito. Eu só mirava no foco, não desfrutava a jornada, me cobrava muito, tinha dificuldade em desligar. Não entendia meu propósito.

O começo da nação

> *Por esse motivo é que o homem deixa a guarda de seu pai e sua mãe, para se unir à sua mulher, e eles se tornam uma só carne.*
> (Gn 2:24)

Essa é a primeira ordenança de uma nação. E o que isso significa na prática? Quem casa precisa ter uma casa, sem compartilhamento, sem divisão. Seus pais agora são seus familiares. E uma história, para ser boa, precisa ser escrita do zero, na qual você é o autor e o protagonista, o resto pode e deve ser alinhado à caminhada.

Aplique sua energia na comunicação. Se ela estiver ajustada entre o casal, com a parte espiritual em modo operante (oração = orar+ação), a definição dos projetos no papel em comum acordo, todo o resto vai sendo ajustado na rota.

É simples, não acha? Então, por que complicamos? Na maioria das vezes, não temos essa clareza, não fomos educados dessa forma, não aprendemos em casa, na escola, nem na igreja. Somos produtos do meio em que vivemos e repetimos o padrão dos nossos pais.

Hoje em dia, o mundo ensina que as mulheres não podem baixar a cabeça para o marido. Entretanto, a Bíblia explica que Eva foi gerada a partir da costela de Adão, a costela está localizada no meio do corpo e tem como principal função proteger os órgãos e manter o corpo em pé.

Quando entendi essa posição, tudo começou a fazer sentido. Se nós mulheres fomos feitas da costela de Adão, logo estamos ao lado do homem, nem à frente nem atrás; afinal, Deus não escolheu o osso da cabeça nem do calcanhar. Além disso, entendi que a proteção estava ligada à família, sendo esse o verdadeiro papel da mulher.

Quando iniciamos a vida conjugal, nem eu nem meu marido tínhamos entendimento e tampouco maturidade, a rota era conduzida no impulso, na intuição e nos padrões aprendidos. Sempre existiu muito amor e respeito, porém faltava direção, uma pitada de conversa, renúncias, planejamento financeiro e, sobretudo, entendimento do real papel de uma família.

Nos casamos em 18/2/2005, uma sexta-feira de muito calor na cidade de São Paulo. Foi mágico, como sempre sonhei, igreja, vestido branco, véu e grinalda, tudo feito sob medida, recepção para mais de 300 pessoas. Aqui usei o poder da mente e listei item por item do que queria, e não faltou nada. Meus irmãos Robson e Irany me ajudaram a realizar esse sonho.

Parecia tudo tão perfeito, mas não era. Minha rotina era muito diferente do meu marido, ele trabalhava à noite e eu de dia; ele de final de semana, eu durante a semana. Devido a meus gatilhos e crenças erradas, tinha comportamento autoritário, era a própria radiopatrulha em pessoa; ligava para ele cobrando tudo, a hora que acordava, o que tinha feito, qual o planejamento do dia. Estava tudo errado, eu não tinha a sabedoria de hoje e da minha boca só saía o que estava cheio em meu coração. Eram medos e inseguranças transformados em cobranças.

Nação formada, filho eleito

Em 2009, exatamente quatro anos após nosso casamento, conforme havíamos planejado, chegou nosso filho Pietro, hoje com 13 anos.

Essa foi a fase mais linda e a mais desafiadora para mim. Foi a primeira vez que quase entrei em depressão, chorava muito, não ficava sozinha com o bebê, me achava péssima por não ter leite suficiente para amamentá-lo, não tinha o controle de nada, nem do meu próprio corpo, me sentia exausta mas, acima de tudo, com um amor incontrolável.

Nosso filho nasceu perfeito, saudável e alegre, isso era o mais importante, porém minha mente me sabotava e não conseguia dominá-la. Se não temos inteligência emocional para sair de situações desafiadoras, o problema fica maior do que ele é. Esse era meu caso e só consegui viver o lado lindo da maternidade tempos depois.

O tempo ia passando, as dificuldades financeiras continuavam, mudei de emprego, assumi mais responsabilidades, precisava ganhar mais, me cobrava no trabalho, me cobrava como mãe e essa cobrança eu transferia para meu marido. Nessa fase, segurei as contas da casa por um tempo. Para piorar, tinha que viajar a trabalho e isso me consumia, definitivamente ter que deixar meu filho pequeno não era parte do meu plano, mas tive que seguir em frente. Desistir ou sair do emprego não era uma opção.

Nesse período, havíamos perdido a admiração um pelo outro. Uma fase delicada, nossos olhos gritavam por ajuda, conselhos e amor.

Lembro-me do Pietro, com 10 meses, quando meu marido foi diagnosticado com crise de ansiedade, começou a ministração dos remédios e eu acreditava que estava sob minha responsabilidade fazer tudo dar certo.

Histórias singulares que inspiram

Lágrimas e discussões marcavam essa época, entretanto, nossa vontade e fé faziam com que acreditássemos que tudo ia passar, era apenas uma fase de crescimento. Afinal, quem nunca passou por uma crise em qualquer área da vida?

Descobri que a dor é inerente ao ser humano, mas o sofrimento é uma escolha. Nós decidimos quando sair dela. Lembre-se de que Deus ama sua família e tem propósito para ela.

Travessia no deserto

Nesse mesmo período, meu marido entrou em uma sociedade, foram 4 anos de mais desafios e muito aprendizado, pensamos em nos separar algumas vezes, porque é dessa forma que fomos condicionados. Aprendemos a resolver os problemas tirando-os da nossa frente e não indo a fundo para entender a causa raiz.

Porém, a travessia pelo deserto é importante na vida de todos nós. Somente por meio dela somos realmente transformados, lá é lugar de aprendizado, onde nosso caráter é moldado, somos testados, ouvimos mais e nos tornamos seres humanos melhores, aprendemos a desenvolver a empatia e a solidariedade. Também acabamos conhecendo mais de nós mesmos, visitamos nosso eu interior, nosso passado e, dessa forma, ativamos o autoconhecimento.

Contudo, o deserto é local de passagem e não de destino.

Na maioria do tempo, me sentia esgotada, tinha zero paciência, gritava com facilidade, certamente eram traços de uma "depressão" camuflada. Entretanto, não me permitia, não me dava tempo para nada, nem para pensar. Me colocava em último plano, não me enxergava, definitivamente eu não era prioridade. Apenas seguia o fluxo e cumpria com MAESTRIA todas as minhas obrigações. Mesmo que essas estivessem consumindo minha energia e minha alegria, eu realmente acreditava que aquela era a minha missão.

Nesse tempo de deserto, o que mais fazia era orar. Acreditava que tudo mudaria e se encaixaria no tempo e lugar certos. Separar não era uma opção para nós, pois acreditamos no amor e nos frutos de uma família. Então, tivemos que encontrar outra saída.

Nessa época, minha sogra Valkiria foi uma grande intercessora, e nossa amiga Vera também. Encontre pessoas com quem possa dividir o peso da travessia, ter conselheiros é importante. Também conversava muito com Valéria Moreno, amiga de longa data, que sempre me aconselhou a continuar acreditando.

Descubra o que governa sua mente

Tudo o que a mente humana pode conceber,
ela pode conquistar.
NAPOLEON HILL

Durante quase 15 anos do meu casamento, vivi debaixo de muitas crenças. Crenças que me impediam de estourar a bolha e enxergar além. Sei que muitas famílias também podem estar dentro dessa bolha e hoje convido você a estourar a sua.

Quero que identifique em qual bolha você tem vivido hoje, tenho certeza de que encontrará alguma.

Primeira crença: religiosidade, nos casamos em igreja cristã, estávamos sempre presentes, mas não tínhamos relacionamento com Deus, não tínhamos a posição de filho, mas de servo. Quando somos filhos, temos por herança as promessas e elas nunca serão tiradas, porque não estão pautadas na nossa condição de homem, mas na soberania da palavra Dele.

Segunda crença: repetição de padrão. Repeti, durante anos, tudo que aprendi com minha mãe de forma involuntária e inconsciente. Fazia quase tudo do meu jeito, porém, não queria, para o meu casamento, o mesmo que vivi, durante anos, na casa dos meus pais. Para mudar meu destino, tinha que mudar minha forma de pensar e, principalmente, de agir.

Histórias singulares que inspiram

Terceira crença: escassez. Sempre fui escassa, era escrava do dinheiro, vivia de condição e não de decisão, só comprava na liquidação e em *outlets*.

Essa crença normalmente é instalada pelos pais, ouvia muito minha família dizer "não tem dinheiro hoje", "não temos dinheiro para essas coisas", e instalei esse *drive* na minha mente, acreditando nela por muitos anos.

Quarta crença: necessidade de aprovação. Essa foi difícil de descobrir e aceitar.

No âmbito profissional, sempre fui competitiva, gostava de aprender, ultrapassar metas, entregava sempre a mais. Contudo, muitas vezes fazia isso porque queria agradar os outros para ninguém nunca ter o que falar de mim.

Quinta crença: merecimento. Todos à minha volta tinham de tudo, eu falava, uma hora a minha vez vai chegar, durante anos esperei. Pensava "sou uma boa filha, esposa e mãe, batalhadora, honesta" e todos os predicados que eu julgava serem importantes, e esperava que algo acontecesse na minha vida, como uma mágica. Porém, não tem a ver com merecer, mas sim fazer. Se você quer algo, vá buscar, nada vai acontecer se não for atrás. As oportunidades da nossa vida somos nós que criamos.

Sexta crença: do impostor. Acreditava que outras pessoas podiam desempenhar, de forma superior, a mesma função que a minha e encontrava vários exemplos para atestar meus pensamentos. Inclusive, mudei de área profissional, porque achava que estava "velha" para a função. Quanta bobagem e crenças erradas colocamos na nossa cabeça.

Como fazer quando não sabemos o quê?

Em primeiro lugar, precisamos nos AMAR e DECIDIR MUDAR. Meu marido e eu abrimos nossos corações, nos despimos do ego, das nossas próprias vontades, para limparmos as feridas da nossa alma, pois nossa família clamava por isso.

Meu marido entendeu que tinha que ser estímulo e exemplo para o nosso filho, e mais que isso, quebrou padrões do passado para atender ao seu chamado. Vi essa mudança acontecer diante dos meus olhos. Aos poucos, ele voltava a assumir seu papel e conduzia nossa família como verdadeiro líder.

Eu aprendi a relaxar, fiquei mais leve, sem cobranças e entreguei o controle da minha vida às mãos de Deus. Querem saber como isso aconteceu?

Meu marido buscou referências familiares masculinas, modelou homens que representavam o que nós dois acreditávamos para nossa família, como princípios e valores do reino.

Acordou durante um ano na madrugada para participar de mentorias e, com aprendizado diário, arrastava pelo exemplo o resto da família. Nossas feridas foram cicatrizadas, nosso amor e admiração foi crescendo e a chama do primeiro amor reacendeu. Substituímos as dores do passado por novas memórias de amor, palavras de afirmação e tempo de qualidade.

Devoramos livros, filmes, investimos tempo e recursos em desenvolvimento pessoal e relacionamento com Deus. Começamos a nos relacionar com novas pessoas que estavam na posição que buscávamos, isso nos dava impulso para chegarmos mais rápido aonde queríamos, as mudanças vinham de forma leve, quase como um sopro de Deus nas nossas narinas.

Hoje, temos uma comunicação clara e nos entendemos pelo olhar. Fazemos quase tudo em família, valorizamos as diferenças e respeitamos o espaço de cada um.

Amar é doação diária, é regar e adubar as sementes todos os dias, com pequenos gestos de atenção e carinho.

Dessa forma, começamos a reescrever uma nova história, na qual a única certeza é que o final será feliz.

Histórias singulares que inspiram

7

SINGULARIDADE NA PERSONALIDADE

Imagine o misto de felicidade e responsabilidade em ser convidada para escrever neste livro, ainda mais abordando um tema que diz respeito a cada indivíduo: a singularidade. Ser singular significa ser único, não ser comum, ser extraordinário, ser destaque em algo e saber que a minha singularidade pontuou minha forma de ser. Por muitas vezes, me espelhei em outras mulheres, mas ter consciência da minha singularidade, a determinação, foi o que me tornou quem sou. Convido para conhecer a minha história e, quem sabe, te auxiliar a despertar a sua singularidade. Você sabe qual? Lembre-se de que trabalhar a sua singularidade te dará passos firmes para grandes saltos.

FLÁVIA SALIM

Flávia Salim

Contatos
flaviasalimcaiado@gmail.com
Instagram: @movimentoinpiramulheres
@Flaviasalim_
LinkedIn: Flávia Salim

Paulista da periferia da cidade de Jandira, região metropolitana de São Paulo, é filha de mãe manicure e pai pedreiro. Após a perda de uma irmã e um irmão, teve que amadurecer muito cedo. Mesmo tendo uma infância difícil, sempre teve orgulho de suas origens. Hoje, suas inspirações para ser melhor a cada dia são: o marido, Sergio; os filhos, Matheus e Felipe; e seus projetos, que contribuem com a melhora da autoestima de mulheres, fazendo sua parte para um mundo com mais empatia e solidariedade. Uma mulher forte, de fé e, desde sempre, muito fiel aos princípios de Deus. Formada em Administração, com pós-graduação em Gestão de Pessoas e Gestão Empresarial. Aos 13 anos, iniciou sua carreira profissional como copeira; foi recepcionista, vendedora de carros, gerente de vendas, gestora de pessoas, empresária no ramo da beleza e proprietária de um grande salão de beleza. Atualmente, é sócia em uma empresa de auditoria de seguros e atua como *master coach*, analista comportamental, mentora e palestrante. Idealizadora do Movimento Inspira Mulheres, além de dar voz às outras mulheres, com todo o seu conhecimento e experiência de vida, ela também se tornou ponte para a sororidade e a união verdadeira entre mulheres e, antes que se esqueça, outro dom dela, além da determinação, é fazer com que cada pessoa se torne a melhor versão de si mesma.

Que somos singulares, isso já não é novidade, somos filhos e filhas únicos de Deus e, assim, também somos singulares em nossas características físicas, comportamentos, hábitos, sentimentos e personalidade.

Vivemos rodeados de influências por todos os lados, nos dizendo, cobrando, e quase nos forçando a agir, pensar, seguir um padrão como todos os outros, o que por muitas vezes faz com que nós mesmos passemos a nos cobrar.

E aí chegamos onde é a cilada, ser, fazer e agir no padrão.

E esse tal padrão nos consome, pois passamos a nos comparar, deixamos de olhar nossa singularidade, individualidade, dons, dados por nosso Pai Celestial, que tudo sabe.

Quando comecei a escrever aqui, poderia dizer que sou uma mulher madura, alta, cabelos e olhos castanhos, uma mulher bonita, elegante, charmosa (bom, me considero, sim, bonita, pois hoje já sei valorizar-me, este é um presente de muito autoconhecimento que me trouxe um amor-próprio forte e consciente). Mas resolvi escrever sobre personalidade, algo que de verdade nasce conosco e, ao longo da vida, vamos aprimorando ou empacando.

Nossa personalidade, por muitas vezes, é criticada e julgada, e poucas vezes ovacionada e reconhecida como uma singularidade, como dom de Deus.

Falar de personalidade me traz muitas lembranças. Nem sempre doces lembranças construíram a minha formação como ser humano seguro, capaz e com amor-próprio.

Flávia Salim

Muitos estudos comprovam que a formação da nossa identidade se faz na primeira infância e se estabelece até a fase adulta.

Na minha primeira infância, as coisas não foram nada fáceis, vivi num lar disfuncional, com um pai alcoólatra e violento, e uma mãe que trabalhava muito e, portanto, era ausente.

Nessa ocasião, o mais comum era ouvir gritos, xingamentos, brigas e, consequentemente, muitas agressões.

Dessa maneira, formei a personalidade de alguém que vivia na defensiva, sempre pronta para a briga. Eu vivia numa selva dentro de casa, então, como qualquer ser que precisa sobreviver, essas foram as maneiras que encontrei.

Além dessa formação da minha personalidade, somada à rotina diária, eu contava com o julgamento das pessoas de fora, e mesmo aquelas que poderiam dar amor, atenção e apoio me julgavam.

O que mais ouvia das pessoas, especialmente da minha mãe, era que eu era igual a meu pai. Isso por querer expressar minha indignação com a vida que levávamos, por muitas vezes reivindicar uma separação deles, hoje entendo que não tinha esse direito, mas eu era a pessoa mais impactada na época, pois minha mãe ficava fora e meus irmãos, muito pequenos. Portanto, toda fúria e maldade de meu pai eram direcionadas a mim.

Ao me dizerem isso, era uma forma muito direta e dolorida de me fazer sentir mal, péssima, horrível. Pois, na verdade, se eu agia como ele, CONSCIENTEMENTE, era muitas vezes para me defender, e era o que tinha aprendido.

Mas, à medida que fui crescendo e convivendo com outras pessoas, as quais passei a admirar e desejar ser igual, também passei a me comportar e agir como essas pessoas, e passava a viver o menos possível com minha família. O que eu via, sentia e vivenciava definitivamente não era o estilo de vida que queria para mim.

Fazendo um breve adendo aqui, digo como é importante nos atentarmos ao nosso convívio, às nossas influências pessoais, sociais e profissionais, pois quando menos esperamos, estamos modelando, vivendo e nos comportando de forma similar.

O que mais me encantava enquanto adolescente eram pessoas educadas, bem-sucedidas, determinadas, disciplinadas, focadas, inteligentes e gentis.

Então, muito jovem, decidi o que e como gostaria de ser.

E para mudar o cenário da minha vida, teria que tomar atitudes, ter comportamentos e pensamentos direcionados aos meus objetivos.

Quando fui convidada para ingressar nesta obra e escrever minha parte aqui, resolvi fazer uma pesquisa com as mais variadas pessoas que convivem muito e nem tanto comigo.

Afinal, nosso primeiro ímpeto como ser humano é querer saber o que o outro tem para dizer sobre nós.

Podemos evoluir muito, mas sempre gostamos de saber isso – risos –, mas minha pesquisa era para ver se como ajo, sinto e penso está alinhado com o que as pessoas veem em mim.

Perguntei, para aproximadamente 30 pessoas, quais eram os traços mais marcantes da minha personalidade.

Antes, eu já tinha feito meu *top five* (cinco traços mais marcantes que me movem).

Então, minha pesquisa voltou com os seguintes resultados: determinada, corajosa, sincera, decidida e justa.

Fiquei muito feliz, foi congruente com quem realmente sou. Com as características que percebo em mim.

Minha característica mais marcante e que me move é a determinação, e isso realmente é um fato, é inegável. As demais vêm no pacote.

Quando me lembro dessa mulher como criança, as situações mais marcantes são em relação à minha determinação, muitas vezes interpretada como teimosia.

Flávia Salim

Quem nunca esteve tão obstinado que não ouviu "nossa, como você é teimosa(o)"? Minha determinação era obstinada e, algumas vezes, cega, decidida, sempre justa, diversas vezes sincera, mas todas as vezes era corajosa e ousada.

E como era. Às vezes, até sinto saudade daquela determinação mais impetuosa e desmedida.

Mas com tudo que vivemos, e a dádiva da maravilhosa maturidade, hoje ainda sei que sou, e que sempre serei, determinada, mas já não mais tão desmedida, mas assertiva e pensada nas consequências. Mas antes de falar dessa minha determinação madura, tenho que falar da minha determinação primata.

Como já falei, meu lar era disfuncional, não só emocionalmente, também vivíamos com uma escassez relevante. Então, como já tinha visto mulheres e famílias com histórias diferentes das quais vivia, e já com 12 anos, eu trabalhava aos sábados no salão de cabeleireiros que minha mãe trabalhava, e como toda adolescente queria um tênis novo, roupa, enfim, coisas de menina, e passei a juntar meu dinheiro para comprar meus desejos.

Aos 13 anos, consegui uma entrevista na empresa em que a namorada do meu tio trabalhava. Eu era muito articulada e determinada. Porém, a idade mínima para ingressar no trabalho era 14 anos. Vi meu sonho de trabalhar indo por água baixo. Mas decidi dizer que tinha essa idade, que tinha esquecido os documentos e que poderia levar no dia seguinte.

Eu estava determinada a trabalhar, mesmo faltando seis meses para completar a idade necessária, consegui contornar e comecei meu trabalho: servir cafezinho para os operários de uma fábrica de Madeirit. Um mês depois, eu já estava servindo café no escritório; cinco meses depois, me chamaram para ser telefonista.

Estava conseguindo levar a idade incompleta, protelando a entrega dos documentos, mas, nesse momento, minha artimanha toda foi por água abaixo, meu pai foi até a empresa

Histórias singulares que inspiram

para contar que eu estava lá trabalhando e não tinha idade. Foi um momento muito duro e ruim. Não me incomodei com o escândalo do meu pai, mas sim com a situação em que acabei deixando o gerente de RH, o senhor tão gentil que me contratou.

Ele ficou evidentemente muito decepcionado, pois isso poderia acarretar problemas sérios para a empresa. Como fui embora para casa e sabia que seria demitida, prometi para os meus pais que daria o valor da rescisão para eles, se não tomassem nenhuma providência contra a empresa, e assim fizeram.

E acreditem, um mês depois de tudo isso, eu estava trabalhando nessa mesma empresa, mas agora como telefonista, trabalhei lá mais um ano e meio, até infelizmente a empresa falir.

Depois trabalhei em um hospital, a convite de uma cliente da minha mãe. O trabalho lá era bom, as amizades também, porém eu tinha uma gestora direta que era a extensão do meu pai no trabalho, era uma pessoa muito difícil, me fazia muito mal (hoje acredito que ela era insegura, pois eu era indicação da diretora do hospital e isso, de certa forma, era visto como ameaça).

No caminho para esse trabalho, começou uma construção imensa. Como eu passava na frente todos os dias, aquele lugar me encantava.

Logo apareceu uma placa, futura concessionária Fiat. Então, eu disse para mim mesma que trabalharia lá.

Preparei um currículo e levei lá. Passaram alguns dias e ninguém entrou em contado. Não satisfeita com isso, comecei a ir todos os dias lá para ver se conseguiria falar com a pessoa que estava recrutando.

Após tantas idas, o porteiro me indicou que o responsável pela seleção sairia naquele momento de carro. Entrei na frente do carro e contei que tinha deixado currículo e que não havia sido chamada. Ele tentou por diversas vezes me dizer que eu poderia não servir, mas o convenci de me entrevistar, e assim foi. Várias entrevistas com diversas pessoas, e consegui, entrei

Flávia Salim

como recepcionista. Comecei a trabalhar num lugar lindo, exatamente como desejei.

Nesse trabalho, entrei como recepcionista e me tornei vendedora de carro (aos 17 anos, a vendedora mais nova da Fiat no Brasil).

Nesse meio tempo, consegui ser emancipada pelo meus pais (eles me emanciparam para que eu fizesse um curso, mas como o inferno na minha casa era constante, usei minha emancipação/carta de alforria para conquistar minha liberdade, um novo estilo de vida).

Fui morar em uma república com amigas nutricionistas e médicas. Estava cursando o segundo ano do colegial (atual ensino médio) e, nessa época, toda a família me virou as costas, pois era muito feio sair de casa tão jovem.

Eu pagava aluguel e era totalmente responsável por mim. Tinha certo que, com 18 anos, compraria um carro e o fiz.

Eu vivia de forma muito responsável com meus valores, mas muito inconsequente com o dinheiro; ganhava bem, mas gastava muito também, eu queria ter tudo e ainda dar tudo para minha irmã.

Eu determinei que provaria para as pessoas que podia, e o que eu fazia era dar muitos e muitos presentes para toda a família, era minha forma de ser reconhecida.

E foram anos assim, mas essa determinação de provar para os outros me tornava escrava, não tinha consciência, me libertei da escravidão da violência da minha casa, mas estava agora na escravidão de comprar a atenção e amor de toda a família, que me julgou quando saí de casa tão precocemente.

Fui vendedora de carros por mais de 10 anos e gerente de vendas por mais 3 anos.

Inúmeras coisas aconteceram na minha vida. Precisaria de 200 páginas para relatar, mas quis colocar até aqui minha fase da determinação inconsequente. Na verdade, deveria chamar de determinação de sobrevivência.

Quando eu estava com 24 anos, infelizmente, minha irmã faleceu. Como ela era uma menina cheia de vida, sempre me dizia que eu trabalhava demais e que deveria aproveitar melhor meus fins de semana.

A mensagem que ela me deixou é que eu deveria aproveitar mais, viver mais e ser mais leve comigo, me cobrar menos e não ser tão escrava de trabalho e dinheiro.

Decidi que mudaria minha vida, e fui viver, viajar, curtir festas e baladas de fins de semana.

Para isso, precisaria de outro tipo de emprego, um que eu não trabalharia mais aos fins de semana. Mas isso também me traria menos dinheiro e, nesta época, tive que mudar de estilo de vida novamente. Eu morava sozinha, e tinha custos altos.

Fui dividir apartamento novamente depois de anos, passei várias adversidades (é complexo voltar a morar com pessoas quando está acostumado a ficar só), mas estava vivendo, curtindo praia, viagens e um novo estilo de vida. Nessa época, também terminei um relacionamento de anos, que vivia empacado.

E tive outros, que não eram o que eu queria para a minha vida, não faziam sentido com o que tinha sonhado quando pequena.

Então, trabalhava e namorava, mas não estava feliz com esse relacionamento.

Eu vivia deixando a vida me levar, não era minha melhor fase de determinação, disciplina, coragem, ousadia nem sinceridade, pois não estava sendo sincera comigo.

Com o falecimento da minha irmã, fiquei de mal com Deus. Não me conformava dele ter levado meu irmão, depois minha irmã e me deixado sozinha. Achei que ele não estava sendo justo comigo, já que eu era quase uma beata, ia religiosamente às missas aos domingos e fazia tudo como uma boa temente a Deus. Então, determinei que não acreditaria mais nele.

Eu vivia no automático e estava sem meu brio, sem meu dom singular.

Um dia, resolvi conversar com Deus novamente, pois estava muito órfã e sabia que o vazio que sentia não era só pela falta dos meus irmãos, mas também porque estava distante Dele e do dom que Ele me deu. Pedi para Ele de volta minha determinação, mas dessa vez com mais maturidade.

Nessa mesma época, determinei e escrevi para mim e para Ele que tipo de vida eu gostaria de ter e viver, e isso incluiu uma carta com detalhes de um marido, de como ele seria, e de como me trataria e do tipo de família que construiríamos. Eu estava com 27 anos e determinei que me casaria com 28, teria um filho com 30 e outro com 35.

E tudo isso aconteceu. Será que foi porque eu me determinei ou por que pedi para Deus?

A verdade é que acredito que tudo isso aconteceu porque voltei a ter fé, porque voltei a exercer meu dom singular da determinação, passei a me abrir para essas possibilidades e entender que tudo que me determinasse aconteceria.

E assim é com a determinação. Para exercermos essa determinação na íntegra, precisamos que ela tenha reforço de fé, ousadia, coragem, disciplina, foco, confiança e amor.

Eu olho para trás e tenho muito orgulho dessa minha singularidade, de ser DETERMINADA, como agradeço a Deus por ser assim e por ver que as pessoas que me cercam me veem assim também.

Você já parou para pensar qual seu dom? Qual característica da sua personalidade é sua singularidade? Pois, de fato, todos temos uma.

Observando bem, olho ao redor para as pessoas que mais convivo, enxergo a singularidade de personalidade que cada um tem e vejo que são únicas. Enxergo pessoas com o dom da calma, da disciplina, da fala, do altruísmo, da inteligência, do amor incondicional, do cuidado e de ser singular.

Mesmo a minha determinação é diferente da de outras pessoas, até as mais próximas. E mesmo que em outras épocas tivesse sido inconsequente, hoje essa determinação é focada e disciplinada, e ousada na medida, sempre mensura os efeitos colaterais.

Pois é, existe aí dentro de você essa singularidade, esse dom da sua personalidade, que pode até ter sido julgado algumas vezes, mas esse é seu dom, e não importa se em algum momento foi demonstrado de forma desmedida, é seu dom, e ele pode ser moldado, maturado e aperfeiçoado, e ele é, e sempre será, sua válvula propulsora, seu diferencial.

Agora pense, já sabe qual é?

Já sabe como utilizá-lo a seu favor?

Já o reconhece e o valoriza?

Somos todos lindamente diferentes e muito iguais.

Mas nada que toca a mim tocará você da mesma forma, pois fomos feitos num molde exclusivo, e eu me atrevo a dizer, que mais singular que nossa personalidade, provavelmente só nossa alma.

Um beijo no seu coração.

Espero que meu texto tenha feito você despertar para sua personalidade singular e, se você já a reconhecia, que bom, assim fez mais sentido ainda.

8

O PODER DA FÉ
AS MÃOS DE DEUS TOCAM ONDE OS MÉDICOS NÃO ALCANÇAM

Neste capítulo, convido você a descer até o fundo do poço e enxergar que o azul da água que pode afogar é o mesmo azul do céu que salvará. Chegou a hora de sair da sua zona de conforto e correr atrás da cura que está dentro de você. Ninguém mais poderá ajudá-lo. É preciso se concentrar, se amar e colocar os seus propósitos acima de qualquer outra coisa para encontrar o remédio que cessará as suas dores. Não se lamente, apenas não desista de encontrar a saída desse jogo que a vida te colocou. Tenha fé e aja.

SHEILA MORAES

Sheila Moraes

Contatos
sheilamoraes@gmail.com
Instagram: @sheila_moraes._

37 anos, mãe da Giovanna e da Beatriz. Empresária e estudante de Psicologia. Ama animais, adora dançar e se realiza ajudando o próximo.

Prazer, eu sou a Sheila!

Nascida em uma família de feirantes, fui criada praticamente debaixo de uma barraca de feira. Meu irmão e eu ajudávamos nossos pais no atendimento aos clientes nos finais de semana e, durante a semana, ficávamos em casa para estudar e brincar.

Raquel é minha segunda mãe, pois foi quem me criou e me ensinou os princípios e valores da vida. Ela tem outros quatro filhos, mas nunca fez diferença entre mim e eles, pelo contrário, fazia questão de dividir as tarefas entre nós cinco, para que todos aprendessem a ter responsabilidade.

Quando eu completei 11 anos, tive a primeira grande perda na minha vida, minha madrinha se foi em um acidente de moto.

Pouco tempo depois, meu pai foi deixando de ir para a feira para se reunir com os amigos em um ambiente mais descontraído, no qual matar a sede era o foco. Então, logo começaram a faltar as coisas em casa e iniciaram-se os conflitos entre minha mãe e ele; agora chegou o momento da separação dos dois.

Nessa época, fui trabalhar em um bufê infantil, tinha por volta de 15 a 16 anos e todo final de semana estávamos lá, alegrando as crianças e realizando os sonhos das famílias.

Meu pai, que não aceitava a separação, começou a me falar que mataria minha mãe se a visse com outro homem. Certo dia, após chegar da reunião com os amigos, já alterado, pegou a arma e começou a me falar que iria atrás dela. Então, eu me escondi para observar onde ele guardaria a arma. Quando minha mãe chegou do trabalho, peguei a arma e a chamei para ir à delegacia, entreguei a arma e contei tudo o que tinha presenciado. Ele perdeu o porte de arma e eu perdi a amizade do meu pai, que disse que nunca me perdoaria por aquela traição.

Passaram-se sete anos, nos quais alimentei muita mágoa e rancor do meu pai, mas sempre pedi para Deus tirar todos aqueles sentimentos ruins de mim e me conceder o perdão. Certo dia, após sentir que estava preparada para a reconciliação, procurei meu pai, disse que lhe perdoava e pedi perdão, pois eu também errei diversas vezes com ele. Então, passamos a conviver novamente.

Nessa fase, eu já namorava o Michel, nós estávamos preparando tudo para o casamento. Meu pai dizia que o sonho dele era me levar ao altar, mas três meses após a nossa reconciliação, e faltando seis meses para o meu casamento, Deus levou meu pai. Ali acontecia a segunda grande perda da minha vida.

Minha sentença

O ano era 2013, minha filha mais nova, Beatriz, tinha acabado de nascer, e eu comecei a sentir fortes dores no punho esquerdo, era um cisto. As dores começaram a irradiar para o cotovelo, ombro e pescoço; em pouco tempo, veio o diagnóstico de síndrome miofascial.

Fui encaminhada ao especialista em dor crônica, onde fiz várias aplicações sem sucesso. Nesse momento, as dores já atingiam o quadril do lado direito e a coluna, era uma dor intensa.

Fiz diversos exames por imagem, mas todos os resultados eram normais e eu sentia um misto de alívio (por não ter nenhuma doença grave) e desespero (por ter tantas dores e não saber o motivo).

Resolvi procurar um reumatologista, que me solicitou vários exames de sangue, que também não acusaram patologia alguma. Após fazer algumas perguntas, me examinou e deu o diagnóstico: "Sheila, você tem fibromialgia".

No primeiro momento, pensei que fosse um tipo de câncer, mas ele me explicou que era uma doença crônica, com a qual teria que conviver para o resto da vida. Como sempre fui uma mulher temente a Deus, sempre tive certeza de que Ele me curaria.

O tempo foi passando e cada dia era uma parte diferente do corpo que doía. Tomava muitos remédios, eram oito comprimidos ao dia sem nenhuma melhora. Ao longo do tratamento, outros problemas foram se associando ao meu quadro, como insônia, dores fortes nas solas dos pés, síndrome do intestino irritável e a pior de todas, a depressão.

O livro *O corpo fala*, de Pierre Weil e Roland Tompakow, da editora Vozes, no capítulo 12, página 169, fala de princípios psicofisiológicos, cita-se que "cada modificação no estado fisiológico é acompanhada por uma mudança apropriada no estado mental-emocional; reciprocamente, cada modificação no estado mental-emocional é acompanhada por uma mudança apropriada no estado fisiológico", com isso, a Psicologia explica o estado depressivo que é desenvolvido por causa das dores intensas causadas pela fibromialgia.

Michel trabalhava o dia todo e, quando chegava em casa, cuidava das crianças e da casa; as meninas, mesmo pequeninas, me ajudavam pegando minha medicação, levando comida para mim na cama e mantendo a casa organizada.

Os médicos sempre me diziam que eu precisava frequentar uma academia para fazer o fortalecimento da musculatura, mas a tentativa em me exercitar me provocou outra crise. Procurei outras alternativas, fiz acupuntura e hidroginástica, que me ajudaram bastante com as dores no quadril e coluna.

Tive falhas na memória, perdi a noção do tempo e, muitas vezes, não me lembrava se tinha tomado meus remédios. Então, procurei um neurologista que, após fazer um exame, me disse que a fibromialgia já tinha afetado minha memória, e me receitou uma medicação. Agora já eram nove comprimidos ao dia, ou seja, um remédio para eu lembrar de tomar os outros remédios.

Mesmo fazendo o tratamento corretamente, eu piorava a cada dia e cheguei a um ponto em que comecei a travar, Michel tinha que me carregar no colo até a cama, as crianças esquentavam as bolsas térmicas para colocar sobre o meu corpo e colocavam vários cobertores em cima de mim, pois eu precisava me esquentar para a dor amenizar e sair da crise. Mas chegou um momento em que essa "técnica" já não fazia mais efeito, então eu tinha que ir ao pronto-socorro tomar medicação na veia.

Minha filha Giovanna desenvolveu síndrome do pânico, após sofrer *bullying* na escola. Nesse momento, deixei de lado minhas dores e fui cuidar dela. Passei vários dias acompanhando-a na escola, ficava sentada na escada, do lado de fora da sala, só assim ela se sentia segura para participar das aulas. Quantas lágrimas derramei naqueles degraus, sentia muita dor por ficar naquele lugar desconfortável, sentada na mesma posição cerca de 4 horas ao dia, e dor na alma de ver minha filha naquela situação.

Giovanna foi afastada da escola e tive o benefício do INSS concedido, recebi o meu cartão de estacionamento rotativo para deficientes físicos, aquilo para mim foi uma grande conquista, mas só consegui o benefício por causa da depressão, pois pela fibromialgia, apesar de causar muitas limitações, nunca consegui.

Após um ano, fiz uma nova perícia, que foi negada novamente. Então, entrei com recurso, sem sucesso. Voltei ao médico e pedi uma nova carta para levar ao INSS. Para a minha surpresa, o médico que me diagnosticou com a fibromialgia, cerca de 5 anos depois, me disse que eu não tinha nada, que era tudo coisa da minha cabeça. Ele solicitou novos exames e disse que se algum exame apontasse qualquer problema, me encaminharia novamente ao INSS.

Nunca me senti tão humilhada na minha vida. Passei 5 anos sofrendo com dores físicas e emocionais, ouvindo piadinhas dos amigos e familiares, dizendo "você é podre", "está sempre morrendo", "pegou todas as doenças pra você" etc. Mas o pior é você ouvir isso do médico que lhe deu o diagnóstico. Saí daquele consultório revoltada e tremendo, eu não acreditava no que acabara de ouvir. Decidi que não mais permitiria que as pessoas me humilhassem daquele jeito, rasguei as guias dos exames, as receitas e decidi abandonar o tratamento.

O que me sustenta é a minha fé

Aos 6 anos de idade, comecei a frequentar a igreja católica do meu bairro, com uma vizinha; aos 9 anos, comecei a frequentar a catequese e fiz a primeira eucaristia. Ao entrar na adolescência, fui para o grupo de jovens e muitas vezes eu deixava de sair para festas de família para ir aos eventos da igreja, que era onde me sentia completa.

Já estamos em 2009, Michel e eu decidimos nos casar; escolhemos a igreja onde iniciei minha caminhada para darmos o nosso sim. Eu e ele nos casamos em uma cerimônia linda, com pessoas queridas nos abençoando e comemorando conosco aquele momento tão especial.

Logo após o casamento, decidimos tentar engravidar, mas recebi a triste notícia de que eu estava com a prolactina (hormônio responsável pela produção do leite) alterada e teria que fazer um tratamento de um ano para conseguir regular esse hormônio e só depois tentar engravidar.

Sheila Moraes

Na semana seguinte, iniciou o Cerco de Jericó e eu fui todos os dias, sempre pedindo para Deus tocar em meu ventre e curar-me. Era um Cerco Mariano, em homenagem à Nossa Senhora de Fátima. Pedia para Ela interceder por mim junto a Deus Pai, fiz até uma promessa que, se eu engravidasse e fosse um menino, colocaria Jesus no sobrenome, mas se fosse menina, seu sobrenome seria Fátima, e como sirvo o Deus do impossível, uma semana após o Cerco, com apenas 15 dias de tratamento, a Giovanna de Fátima já habitava meu ventre e, dois anos após o nascimento da Giovanna, Deus me concedeu o dom de gerar mais uma vida, Beatriz veio para completar a nossa família.

Vejo diariamente pessoas questionando a Deus por problemas de saúde ou até mesmo financeiros; no meu caso, nem nas crises mais terríveis de dor eu o questionei ou me revoltei, porque tinha a certeza de que Deus estava permitindo que vivenciasse aquela situação para me trazer ensinamentos e me usar como instrumento para ajudar outras pessoas que passam pelo que passei. Afinal, nós só podemos falar com propriedade de determinados assuntos quando sentimos na pele o que a pessoa está passando, só assim teremos compaixão e empatia suficientes para não falharmos com nossos julgamentos.

No ano de 2017, fui convidada para ser catequista e ali começava uma história incrível, com 28 pré-adolescentes que ensinaram mais a mim do que eu a eles, foi onde despertou minha paixão pelos jovens e o interesse pela Psicologia.

O processo de libertação

No ano de 2019, após retornar ao consultório do médico que me deu o diagnóstico da fibromialgia e ouvi-lo dizer que não tinha nada, decidi abandonar o tratamento, pois já estava farta de tanta humilhação. Parei com todos os remédios de uma só vez, a revolta dentro de mim não me deixava pensar nas consequências, só pensava que não queria mais ser humilhada por ninguém.

Nesse período, fui buscar ajuda na internet e foi no YouTube que encontrei o Dr. Juliano Pimentel, um médico e fisioterapeuta que ensina as pessoas a se curarem de várias doenças de forma natural, com alimentação e atividade física. Comecei a assistir a todos os vídeos dele que falavam sobre as patologias que eu tinha e que eram associadas à fibromialgia.

Dr. Juliano foi a luz no fim do túnel, pois falava tudo o que eu precisava ouvir. Comecei a acompanhá-lo diariamente e decidi comprar um programa de desintoxicação do organismo que ele vende, e esse foi o meu passaporte para uma nova vida.

Confesso a vocês que não foi fácil fazer essa desintoxicação, pois o meu organismo estava tão inflamado e viciado nessa alimentação que eu mantinha durante toda a minha vida que, enquanto eu consumia as receitas do cardápio enviado pelo médico, meu corpo gritava por *fast-food*; enfim, eu passava por uma crise de abstinência.

Foram longos 7 dias, eu seguia rigorosamente as orientações do Dr. Juliano e melhorava diariamente. Primeiro foi o sono, depois o intestino, e eu consegui eliminar 3,5 kg em 7 dias. Foi aí que percebi que tudo o que procurava, tinha encontrado na alimentação.

Resolvi me dedicar a essa mudança de vida e decidi seguir assiduamente todas as orientações dadas pelo médico em suas *lives*. Como tive muita dificuldade no início, resolvi ir me adaptando aos poucos. Comecei mudando o sal comum de cozinha pelo Sal Rosa do Himalaia, que ajuda na hidratação do corpo, regula a pressão arterial, elimina as toxinas do corpo, ao contrário do sal comum, que tem uma quantidade maior de sódio e outros produtos químicos e ajuda na retenção de líquido, aumento da pressão arterial e diminui o risco de AVC.

Tirei o açúcar refinado e comecei a usar o mascavo, lembrando que o açúcar é altamente inflamatório. O mais indicado é eliminá-lo totalmente da sua alimentação, pois aumenta a gordura no sangue, enfraquece os ossos e atrapalha a digestão de proteínas e vitaminas. Já o mascavo, é mais nutritivo que o refinado ou demerara, pois não passa por nenhum processo de refinamento; é o resultado da cristalização do mel de engenho.

O próximo passo foi eliminar da cozinha os temperos industrializados, como tabletes e sachês de temperos prontos, que são ricos em sódio, conservantes e açúcar, causando risco de doenças cardíacas, diabetes e até mesmo câncer, e passei a comprar temperos frescos e moídos na feira, como açafrão, que possui propriedade antioxidante e anti-inflamatória, o cominho, que favorece a liberação da bile e o processamento de gorduras no intestino, orégano, que é rico em vitaminas A e C, o alecrim, que ajuda na digestão, a sálvia, que ajuda a aumentar a imunidade, prevenindo gripes e resfriados e, por último, o manjericão, que é rico em ácido ursólico, um composto responsável pela proteção e melhora das funções do fígado.

Aumentei o consumo de frutas, legumes, verduras e sementes, em especial aquelas que têm propriedades anti-inflamatórias, como a linhaça, chia, gengibre, tomate, alho, maracujá, morango, ameixa, brócolis, couve e espinafre. Passei a tomar diariamente em jejum suco de couve com gengibre, limão, abacaxi ou laranja, para melhorar o sabor, e em pouco menos de um mês, os desconfortos estomacais sumiram e meu intestino já estava funcionando perfeitamente.

Como eu tinha certa limitação em fazer atividades físicas, optei por começar com pequenas caminhadas para ver como o meu corpo reagiria. No início, eu sentia dores nas solas dos pés e um cansaço tremendo, que me ajudava a dormir melhor mas, para melhorar ainda mais a qualidade do sono, passei a suplementar a melatonina, e o resultado foi sensacional. Logo, eu estava dormindo noites inteiras.

O cloreto de magnésio passou a fazer parte da minha ingestão diária, pois o magnésio é um mineral essencial para o funcionamento do corpo humano, ele impacta desde o sono até o funcionamento do coração, e me ajudou muito com a ansiedade, diminuindo a vontade de comer doces.

A vitamina D, que também é muito importante, é fonte de nutrientes que contribuem com o sistema imune. Para que o nosso organismo a produza, é necessário tomar sol, e foi isso que eu passei a fazer diariamente no período da manhã.

Após 6 meses, eu já caminhava 11 quilômetros por dia, estava completamente adaptada à minha nova alimentação e me sentia mais disposta do que no auge dos meus 18 anos.

Hoje, aos 37 anos, sou uma pessoa extremamente ativa, vivo cada dia como se fosse o último da minha vida e, quando as pessoas me perguntam como aguento essa rotina maluca de trabalhar carregando botijões de gás no período da manhã, cuidar da casa à tarde e ir para a faculdade à noite, respondo que, se eu parar, surto.

Eu acredito que, se Deus me presenteou com a fibromialgia e me libertou dela, é porque Ele tem um propósito para minha vida, que é me usar como instrumento para orientar e inspirar muitas pessoas que estão no fundo do poço por causa de um diagnóstico. Mas eu lhe digo que, se a sua fé for do tamanho de um grão de mostarda, tudo é possível. Portanto, chegou a hora de sair da sua zona de conforto e correr atrás da cura que está dentro de você.

9

DESPERTE SEU INTERIOR

COMO ACORDAR TODOS OS DIAS E FAZER DIFERENTE

Muitas vezes, somos levados pelas circunstâncias da vida e fazemos nossas escolhas baseadas em nossas dores inconscientes. Porém, não podemos nos esconder por muito tempo, porque nosso corpo fala por meio da doença. Na minha vida, tudo começou pela fé e pelo autoconhecimento, pelo perdão e autoperdão. E me levou a me reconectar com minha identidade e propósito de vida. Convido vocês para refletirem sobre suas vidas por meio de minha história restaurada.

ZILDA VIEIRA

Zilda Vieira

Contatos
zildajv@yahoo.com.br
Instagram: Zildajvieira
Facebook: Zilda Vieira

Enfermeira, terapeuta holística, *master coach*, mentora, palestrante e escritora.

Como transformar seus sonhos em realidade curando seu passado

Fui agraciada em ser recebida por um casal lindo e simples, cada um com particularidades e desafios.

Uma cidade de 30 mil habitantes no interior de São Paulo me acolhe para que eu possa escrever a minha história.

Meus pais vieram de outra cidade do interior de São Paulo tentar uma condição melhor na única fábrica da cidade na época, onde trabalharam por alguns anos.

Minha mãe vencia seus desafios de cuidar de seis filhos. Eu uma criança esperta, que observava cada movimento, gravei alguns na memória, criando muitos bloqueios.

Absorvia muitas coisas que me levaram a desenvolver uma saúde muito fragilizada, lutei muito para sobreviver. Diante de uma escassez muito grande, tive que desenvolver estratégias para garantir muitas vezes minha comida. Desenvolver uma amizade com a filha única da vizinha foi uma delas. Observei a oportunidade de aparecer em horários estratégicos para garantir a comida e o programa de televisão, pois não tinha televisão pois na minha casa e o sonho de ter os brinquedos que ela tinha, o mundo cor-de-rosa me faz sonhar com uma boneca, que se torna realidade graças a um coletor de lixo.

Zilda Vieira

Não sabia o melhor caminho para lidar com aquelas adversidades que foram assistidas e imprimidas na minha alma, muitas vezes a solidão de uma criança que buscava um abraço ou a doçura de uma palavra. Passei minha infância sonhando com uma vida que trouxesse paz e harmonia. Aos 13 anos de idade, consegui meu primeiro emprego em um supermercado da cidade, me lembro que o primeiro salário gastei tudo com guloseimas, que proporcionou uma memória de alegria em todos nós, sempre acreditando que podia vislumbrar o melhor.

E prossegui minha adolescência trabalhando de segunda a sábado no supermercado; aos domingos, como garçonete e ainda estudava à noite. Era uma fuga para não ver, nem ouvir, nem sentir o barulho daquele ambiente familiar que me assustava e machucava a minha alma, preferia voltar só para dormir.

Por muitas vezes, desejei em meu coração a separação de meus pais, imaginava que seria um alívio para nós, pois não tive a figura paterna como exemplo. Desde então, comecei a nutrir em meus pensamentos o desejo de sair de casa. Com 16 anos, saí do interior, fui trabalhar, morar e estudar em São Paulo, me sentia feliz e sabia que tudo estava acontecendo para que eu pudesse conquistar uma vida melhor. E com pouco tempo, conquistei a tão sonhada vaga em uma empresa multinacional, onde imaginei seguir carreira.

Nessa época, já havia conhecido uma pessoa, com quem fazia planos de casar assim que eu terminasse minha faculdade, pois sonhava ir muito longe, porém o sonho foi adiado por uma gravidez que acelerou o processo do casamento. Com 18 anos, me casei e, aos 19 anos, nós seguíamos viagem para tentar nossos sonhos no Japão, no ano de 1990, com nosso filho de sete meses.

A vida nesse país foi um grande desafio, pois não sabia o idioma e, para me comunicar, utilizava um dicionário. Era bem difícil, pois ficava sozinha em casa com meu filho, que era minha única companhia. E no primeiro mês que chegamos, ele adoeceu e tive que contar com a ajuda da dona da empresa para levá-lo ao médico. Eu me sentia desprotegida, não sabia explicar o que ele sentia, só me lembro que mediram a temperatura, estava alta, o medicaram e eu não sabia como usar a medicação.

A dor de não poder defender meu filho me fez passar a noite acordada. Pensei: "preciso aprender esse idioma". No dia seguinte, acordei me comunicando, fazendo mímicas e reforçava o aprendizado em desenhos animados, só repetia as frases e fui motivo de muitas risadas, mas eu me comunicava; ao longo de um ano, eu falava o idioma. Bem nessa época começaram a vir mais brasileiros à província de Chiba-Ken, onde eu morava, minha alegria era servir de intérprete para aqueles brasileiros.

Consegui um trabalho após um ano morando lá, meu filho ficava na creche, a experiência foi mais um desafio, ter que lidar com pessoas bem mais velhas, era um autopeças e o trabalho era um grande desafio para a moça de uma multinacional no Brasil. Agora, vivia aquela experiência, era como caminhar para trás. Muitas vezes trabalhava chorando, pois não gostava de estar fazendo aquilo, e ao mesmo tempo alguma coisa mais forte me dizia que aquilo me faria resiliente.

A dor da saudade do meu país, o relacionamento com meu marido foi desestruturado por falta de diálogo, a dor de me sentir sozinha e abandonada se inicia quando preciso saber que, naquele momento, a minha família éramos eu e meu filho somente, pois nós dois havíamos deixado o antigo lar que morávamos, e ele seguiu em outro rumo de sua vida.

Eu me lembro que a dor foi imensa. Saí de casa com meu filho e as únicas pessoas que encontrei foram os moradores de rua; passei a noite toda desabafando com eles, e isso me trouxe um grande alívio. Voltei à vida com um esforço enorme de sobreviver, as dores eram profundas na alma, sangravam dia

Zilda Vieira

e noite, até que cheguei em um nível tão desesperador que a única saída que me veio à mente era o suicídio; deixei uma carta me explicando e meu filho sozinho em casa. Em meus pensamentos desenfreados, me veio a lucidez de que meu filho precisava de mim, "filho", é uma voz que falava, "viva por ele", confesso que voltei para casa relutante.

Procurei trabalhar em dois empregos para não sentir dor, me lembro que busquei uma vaga num restaurante para trabalhar, mas precisava saber ler fluente, eu não sabia. Aceitei o emprego e desenvolvi uma estratégia que me surpreendeu: em uma semana, desenvolvi a leitura do cardápio.

O recomeço foi difícil, mas conseguia amortecer com meu trabalho. Depois de um tempo, conheci um japonês que me ajudou a superar a dor vivida pela família desfeita. E foi incrível poder ver o lado bom do país, porém durou apenas meses, pois a família tradicional não me aceitou e tive que lidar com a dor da rejeição e do abandono.

A vida então me colocou mais uma pessoa, que trouxe muita alegria para meus dias, porém passei por um momento difícil de uma gravidez ectópica, e me submeti a procedimentos que ainda eram experimentos na equipe médica, dolorosos, três tentativas sem êxito. Assim, enquanto eu aguardava um retorno, tive que lidar com o início de uma hemorragia, seguindo por três horas de trem, sobrevivi passando por uma cirurgia delicada e de emergência. Passaram dois meses do ocorrido e mais uma vida teve que ser interrompida, pois o medo e a falta de apoio me impediram de assumir sozinha a maternidade, deixando registros de dor na minha alma.

Então, decidi passar dois meses no Brasil para descansar e rever minha vida, pois queria voltar ao Japão com a proposta de reatar meu casamento. Confesso que o que me motivou foi o meu filho. Mesmo arrastando a mala de um passado não resolvido, acreditei na família, e chega para nos alegrar nosso segundo filho. Meses depois, volto à rotina de trabalho e responsabilidade de assumir tudo sozinha. Isso foi me enfraquecendo e a distância de um marido e um pai começa a me afastar da minha família. Reforçando ainda mais a rejeição e o não merecimento de usufruir do melhor, minha realidade era enfrentar dias de frio, neve e chuva em grandes percursos com meus filhos e lidar com a indiferença do pai, que saía com seu veículo, insensível às nossas necessidades.

Em meio a tantos desafios, comecei a refletir sobre uma oportunidade, e busquei uma qualificação na área de Seitai e Massagem, e isso mudou minha qualidade de vida. Fiquei por três anos e meio trabalhando em um spa, cuidando de pessoas e isso me fortaleceu tanto profissional como pessoalmente, e com essa nova estrutura, decidi sair do relacionamento abusivo. Retornando ao Brasil no ano de 2001, para o interior de São Paulo, minha mãe indiferente. Apenas meu pai tentou se aproximar mais de nós. Porém, a fase de adaptação ao país de origem é um grande desafio, minha mente buscava compensações. Decidi abrir mão de nossa casa conquistada em outra cidade para estar perto de minha família e fomos morar numa casa simples, só para ficar perto deles, isso me trazia segurança. Procurei me dedicar uns meses como voluntária na cidade, aplicando técnicas aprendidas no Japão. Surgiu uma oportunidade de abrir minha primeira sala, onde passei a me dedicar e construir minha vida. Meu pai procurava reparar o tempo que ficamos longe, cuidando dos netos e se aproximando mais de nós, e com seu apoio, consegui me qualificar mais na minha área. Oito meses depois da minha volta, ele sofreu um AVC e foi para a UTI. Eu, muito fragilizada, permiti que um amigo de meu pai se aproximasse na minha indefesa, ele praticamente invadiu minha casa, passou a ficar lá querendo forçar um relacionamento. Nesse período, com meu pai na UTI, a cabeça atordoada, o medo de perder aquela figura para meus filhos,

Zilda Vieira

sei que, em meio a uma oração, escuto meu pai pedindo para que eu saísse de onde estava e mudasse para outra cidade, para minha casa que havia comprado com as economias do Japão. Sem saber o que fazer, como era possível sair da cidade com minha estrutura de trabalho montada? Enfim, escutei mais uma vez a voz de meu pai. Dessa vez, ele falou que a pessoa que estava na minha casa era uma ameaça. Fiquei assustada, questionei Deus, como é possível? Meu pai estava numa UTI! Mas uma grande força tomou conta de mim e, em uma semana, faço minha mudança. No mesmo dia que me instalei na nova cidade, meu pai faleceu. Isso foi muito doloroso e marcou minha história. Passando uns meses, vim a saber que aquela pessoa era fugitiva. Deus cuidando o tempo todo de nós.

Tentei ficar um tempo nessa cidade, mas não me sentia segura, estava longe da minha mãe e irmãos, que de alguma forma me ajudavam. Decidi voltar e começar tudo novamente, a me dedicar ao meu trabalho. Nesse tempo, resolvi fazer faculdade de Enfermagem, para agregar mais conhecimento e, para ficar próxima de meus filhos, resolvi abrir uma sala de atendimento em minha casa. Entre idas e vindas da faculdade, conheci uma pessoa que trabalhava numa clínica de dependentes químicos e me convidou para ajudá-la em remoção de pacientes, que agregaria ao meu currículo. Percebi que a intenção dele era outra e comecei a evitar mais o contato, porém ele começou a me incomodar com o barulho constante da ambulância na minha porta. O medo tomou conta da minha fragilidade de mãe, querendo proteger os filhos, e mais uma vez deixei minha estrutura e fui novamente morar em outra cidade. Pensei estar segura, mas um dia fomos surpreendidos com sua presença agressiva. Depois do medo e da insegurança, resolvi voltar para perto de minha mãe e meus irmãos, era uma forma de buscar proteção. A vida recomeçou, nova moradia e um novo espaço de trabalho, tudo fluindo. Conheci uma pessoa que, aparentemente, me passava segurança e comecei a sonhar com uma nova família. Coloquei todas as minhas expectativas de realizar esse sonho, tudo era para ele, a ponto de ignorar as necessidades de meus filhos, eu me sentia uma criança carente que precisava de proteção e segurança. Com ele, conheci lugares da sociedade que deslumbravam meus olhos e alguns lugares sombrios que causavam enjoo só de pensar, mas eu confiava nele. Mas meu coração puro e cheio de sonhos foi despertando, um dia, com as mentiras descobertas e as traições múltiplas. Isso fez com que eu refletisse sobre minha vida e minhas prioridades, pois havia construído um "prédio", na "estrutura" que não era minha, isso trouxe dores profundas ao meu corpo, somatizando a paralisação da coluna, e fiquei numa cama por 20 dias, com depressão e sem vontade de viver, com um vazio imenso na alma. Basicamente, investi muito de minha vida em algo que não valia a pena e não era recíproco, o que acabou afetando negativamente minha saúde. Mas quando eu não tinha como me afundar mais, comecei a questionar minha vida com Deus, pois aquela dor era tão intensa que a morte parecia um alívio, era o meu remédio. Mas ainda tinha uma família, meus filhos, e voltei meus olhos para eles, subi devagar, buscando palestras de autoajuda, orações e tudo que pudesse estancar o sangramento. Bati na porta, ela me abriu com o entendimento de ser merecedora do melhor e nunca desisti de minha família. Assim como pedi a Deus, Ele colocou uma nova pessoa na minha vida, mas tenho que lidar com as diferenças, pois meu coração ainda machucado não entendia a verdadeira intenção dele, decidi me afastar, cansada de tudo, mais uma vez tentei fugir, e dessa vez fui para os Estados Unidos. Depois de um período, uma experiência negativa, sofri acusações indevidas, ameaças com a polícia americana, mas a verdade venceu e me colocou uma amiga e, juntas, nos fortalecemos, voltei ao Brasil e retomei meu relacionamento, entendi o quanto precisava abrir meu

Zilda Vieira

coração para o novo. Busquei fortalecer minha parte espiritual, depois a parte emocional, foi quando decidi me aperfeiçoar na minha área. Fiz uma pós-graduação em acupuntura e, atuando na área, percebi que os cuidados iam muito além do corpo ou desequilíbrio energético, então busquei entender sobre a mente humana em livros e cursos de autoajuda. Logo depois, me surgiu a oportunidade de formar a primeira turma de cuidadores de idosos na prefeitura da cidade. Coloquei em prática o que havia entendido das emoções humanas, o que resultou em várias vidas restauradas. Vi a necessidade de buscar meu autodesenvolvimento, fiz cursos de *Professional Self Coaching, Coaching* Ericksoniano, *Master Coaching,* palestrante e Medicina Tradicional Chinesa, que me trouxe uma visão sistêmica do ser humano, e hoje consigo oferecer um trabalho em que as pessoas saem de corpo, mente, emoção e alma restauradas. Despertei meu interior quando realmente entendi como lidar com minha mente e sair do papel de vítima, da rejeitada, perdoando a meus pais e todos os meus atores. Transformei todo veneno em remédio e, hoje, me sinto um canal para despertar outras pessoas que vivem aprisionadas dentro das emoções. Deus tem uma nova história para cada um de nós.

10

A ARTE DE SORRIR A CADA VEZ QUE O MUNDO DIZ NÃO

Reconheça seu valor. Você é muito mais do que as pessoas dizem e querem que você acredite. Erga-se e olhe o que a imagem refletida no espelho apresenta. Saiba ver o fundo da sua alma. Você é alguém especial, repleto de qualidades que o fazem único no mundo. É você quem tem o poder de transformar a sua vida e ser feliz verdadeiramente; só você. Acredite em si mesmo(a), em qualquer circunstância da vida.

NÉIA BASTOS

Néia Bastos

Contatos
neiabastos.com.br
neiabastos13@gmail.com
Instagram: @neiabastosoficial
Facebook: @neiabastos
Youtube: Neia Bastos

Professora, palestrante e escritora.

Passear pela singularidade de uma mulher resiliente e semeadora de sonhos. Este capítulo convida você para viver uma história na qual o método "Tecer-se" foi fundamental para superar desafios pela fé, capacidade de ressignificar a dor e da aprendizagem para adquirir o poder interior. São sete pilares de empoderamento pessoal e de subjetividade feminina, e assim como eu, você pode construir a própria narrativa.

Quem escreve?

Néia Bastos é um exemplo de mulher empoderada que venceu limites do preconceito e tomou as rédeas de seu destino. Atua como professora, historiadora, psicopedagoga, vereadora, mestra em estudos sobre mulheres, mentora, treinadora, palestrante, especialista em *coaching* sistêmico e escritora. Em seu caminho transdisciplinar, vive a missão de transformar as vidas das pessoas, despertando-as para a tomada de consciência e para a importância da construção do conhecimento como instrumento primordial e libertador do ser humano.

É coautora do livro *7 dias de mentoria: aprendendo a construir sua felicidade*, organizado pela mentora Dirce Alegreti, e da obra *Encontre sua marca*, volume 2, organizado pelo *coach* Leandro Nascimento Cristo. Idealizadora do evento "Empodere-se", tem ajudado mulheres a encontrar uma liberdade emocional, geográfica e financeira, encorajando-as a buscar um empoderamento pessoal para fazer escolhas por meio de conexão e do propósito. Desenvolve técnicas de produtividade, gestão de tempo, autoconhecimento e inteligência emocional, gerando valor às suas principais causas. Foi condecorada com a medalha "Eu sou top 2021".

Tecendo sonhos

Sonhar é como acordar-se para dentro. Mário Quintana era um poeta que sabia muito bem ouvir as palavras, tanto que seu amor por elas lhe permitiu se escutar pelo coração. Assim como Mário Quintana, sempre tive o sonho como a ponte para a vida, por isso não foi à toa que sustentei um desejo de menina de levar os estudos como parte de mim.

No contexto escolar, eu era muito tímida. Os anos foram passando e fui aprendendo a vencer os medos e o preconceito, mas ainda continuava sendo uma aluna inconsistente no desempenho. No ensino médio, fiquei em recuperação e fui parar no Conselho de Classe. Chegava a viver semanas de tormento e de muita angústia até receber o resultado da escola.

Em 2000, aconteceu a virada de chave em minha vida, que foi determinante para ressignificar o meu propósito. Fui aprovada em um concurso, fui para a universidade, aprovada no mestrado na Universidade Federal da Bahia (UFBA) em sexto lugar.

Aquele paradigma de uma estudante fracassada nos objetivos escolares foi superado à medida que percebia a importância de não desistir do caminho traçado, afinal, ninguém tem o direito de bloquear a capacidade do outro pelo abuso de autoridade. A verdade é que o tempo se encarrega de dar as respostas por meio dos resultados. A educação precisa tocar o coração das pessoas, senão o conteúdo desaparece com o tempo ao ser apagado das páginas dos cadernos da vida.

Trajetória de fé

Ao longo da minha trajetória, experienciei uma formação religiosa fundamentada na fé. Militante da Pastoral da Juventude e catequista, fui alimentada por um desejo coletivo e compromisso social em defesa das pessoas. Morei no convento por um período de quatro anos, tempo em que me dediquei à formação cristã.

Foram anos de muito amadurecimento, mudança de mentalidade e de sacrifícios. Morar longe dos familiares e amigos, a criação de novos hábitos e a necessidade de abrir mão de costumes e desejos de uma adolescente de apenas 14 anos.

Era uma condição indiscutível fazer os votos de pobreza, obediência e castidade, promessas essas que limitavam a liberdade pessoal, doutrinavam ideias alienantes de "ser pobre como os pobres" e reforçavam crenças limitantes. A castidade também era levada a sério e aprendíamos que a sexualidade era vinculada ao pecado, ao passo que a obediência era exercitada como uma prática do bem, uma virtude. No entanto, era uma forma sutil de nos tirar o poder para tomar decisões, pois a obediência era quista para atender às normas institucionais.

Em um determinado dia, compreendi que a liberdade é a chave que abre as portas da plenitude. Foi ali que decidi conquistar os meus sonhos e desejos sem medo e sem culpa, saindo de uma rígida estrutura de quatro paredes. Com a consciência e o empoderamento que desenvolvi e cultivo, sei que o poder da mulher ultrapassa as hierarquias patriarcais.

Meu pé esquerdo

Aos três anos de idade, em uma tarde de sábado, levei uma queda de cima de uma mesa e tive uma paralisia infantil. Apesar de todos os cuidados dos meus pais, ficaram sequelas em meu pé esquerdo que me privaram de viver uma infância com intensidade. Como toda criança gosta de brincar, comigo não era diferente. Precisei vencer limites em casa e dizer *não* aos cuidados constantes e à superproteção de pessoas.

Desde cedo, quebrava padrões, criava resistência e dizia para mim mesma: "Eu posso, eu vou, eu quero e eu consigo". Em minha trajetória, aprendi que as quedas não seriam os limites da vida. As cascas grossas das feridas me propiciariam a coragem a ponto de me tornar uma pessoa resiliente. Eu seguia dizendo para mim mesma que o meu limite era o infinito.

Eu superei as marcas do preconceito, dos apelidos pejorativos que sofria. Muitas pessoas me enxergavam como coitadinha, outras chegavam a ter pena de mim. Ao longo do tempo, fui quebrando paradigmas, ocupando espaços, ganhando auto-confiança para enxergar a vida em uma dimensão maior que o meu próprio pé.

Empoderar

Quando penso em empoderamento da mulher, penso na-quelas que defendem grandes causas, ou seja, reflito sobre aquelas que descobriram o segredo da autenticidade para ser quem realmente são. Empoderar passa pela ação de se tornar poderosa, referência em um campo de conhecimento, ter do-mínio da própria vida, ser capaz de tomar decisões. Mulheres empoderadas entendem o seu poder libertador, reivindicam esse poder nos movimentos feministas e nas organizações de mulheres quando essas entendem o seu valor e o traduzem na prática.

Dessa forma, o empoderamento é um processo de tomada de consciência pessoal e coletiva que não é inferiorizado por gênero, mas, sim, evoca atitudes que vão contra o machismo imposto pela sociedade, além de contribuir para que haja o direito de participar efetivamente dos mais diversos tipos de debates, tomando decisões que influenciam vidas.

O empoderamento vai além de classes, gênero, raça, orientação sexual, pois todos esses eixos de representação humana podem apresentar sujeitos empoderados ou que estão em processo de autodesenvolvimento. As mulheres necessitam estabelecer as suas convicções e lutar para serem ouvidas em meio a uma sociedade que alimenta constantemente padrões de uma mulher silenciosa e obediente.

"Empoderar" é diferente de "apoderar", termo relacionado à ideia de tomar o poder, o domínio ou a posse de algo, alguém ou de determinada situação. Podemos exemplificar quando homens se apoderam das esposas, filhas, namoradas, irmãs, funcionárias. As violências do masculino sobre o feminino ocorrem como consequência dessa cultura milenar de dominação da energia sexual de um sobre o outro.

Ao imaginar onde se aplica o verbo "apoderar" na história oculta das mulheres, podemos pensar nas tantas relações possessivas, na apropriação dos sentimentos, dos sonhos, desejos e bens materiais e imateriais, na retirada da liberdade, nas prisões construídas em torno dos valores morais. Quando se retira o direito à liberdade de alguém, rouba-se junto os seus sonhos, a sua força, ousadia, fé, essência e alma.

Método "Tecer-se"

Agora, quero partilhar com você o método "Tecer-se", criado e aplicado eficientemente em diversos grupos de mulheres que ajudei na virada do jogo das suas vidas, ao abrir as portas da prosperidade, buscando gerar valor e sentido às histórias de cada uma para que pudessem ter acesso ao poder por trás do empoderamento.

Esse método é capaz de lapidar mulheres que buscam transformar os seus sonhos em realidade, em desenvolver a teoria na prática, entrelaçando fio a fio para se transformarem nas mulheres que nasceram para ser. "Tecer-se" traça cada ponto interno e externo da pessoa ao buscar uma visão mais integrada e sistêmica. Toda mulher é capaz de tecer os retalhos da sua vida, bordando-se carinhosamente com toda a sua singularidade e beleza.

Os sete passos do método "Tecer-se" despertam o poder velado em muitas mulheres que estão invisíveis em suas casas e, por isso, necessitam do encorajamento para despertar a mulher de sucesso, independente, livre, segura de si, sonhadora, sem esperar a aprovação dos(as) outros(as), e tornar-se uma mulher independente, confiante, valente, decidida, livre e capaz de influenciar pessoas.

1. Treino: para você se tornar um(uma) campeão(ã), são necessários treino, disciplina, clareza dos objetivos, ambição pessoal, rotina e foco. Quando você está empenhada(o) em desenvolver novas habilidades e adquirir novos conhecimentos, passa a entender o quanto é capaz e pode ampliar o crescimento pessoal.

Dessa forma, as experiências de vida destacam o poder dos resultados gerados a partir do desenvolvimento pessoal, da confiança e da motivação para atingir as metas estabelecidas. O comprometimento com o autodesenvolvimento é o primeiro passo para estabelecer objetivos bem definidos.

2. Espiritualidade: provoca uma mudança interior, por ser uma experiência com uma visão sistêmica. Quando nos referimos à espiritualidade, naturalmente nos conectamos à fé, essa força ativa que nos move por dentro, que nos alimenta de crenças positivas e nos ajuda a enfrentar desafios. Ter fé é acreditar nas pessoas, é ter esperança, é dizer sim à vida.

A espiritualidade é como a seiva da árvore: não está à vista, mas nutre, faz crescer e produzir frutos. Realiza a conexão entre o ser humano e o divino, entre o profano e o sagrado. Espiritualizar-se energiza nosso ser e nos faz evoluir. Empoderar-se, portanto, brota a semente da fé em torno de nossas crenças e dos valores da nossa existência.

3. Coragem: quantas vezes você se deparou com uma situação de medo para conquistar os seus sonhos? Os medos são estados mentais e agem como plantas: à medida que você as cultiva, mais vezes elas crescem. O medo cresce à medida que não o enfrentamos.

Quem nunca se viu em uma situação de suar frio, gelar as mãos e pés, perder a voz, a respiração, chegar até a porta e voltar atrás? Se o seu medo é recorrente e atrapalha o seu dia a dia ou impede você de aproveitar oportunidades, procure ajuda.

Todo ser humano deve despertar a coragem de conduzir a vida, vencer os medos, limites, pois essa emoção é inerente ao ser humano, faz parte da evolução e está relacionada ao instinto de sobrevivência. A coragem é o contrário do medo e é bíblico. Cristo disse: "Eu venci o medo". Ter coragem é decidir enfrentar os obstáculos.

4. Equilíbrio: está interligado ao amor-próprio. Conheço amigas que são infelizes por terem medo de amar intensamente, veem o amor em retalhos. Vejamos um exemplo: "Eu amo os meus cabelos, mas não gosto do meu nariz" ou "Eu gosto da minha sobrancelha, mas não gosto do meu olho" ou "Eu amo a minha mãe, mas ela às vezes é chata".

Não podemos reduzir a grandeza do amor, cujo sentimento é tão nobre e revolucionário, a um pedaço do corpo, seja de um homem, seja de uma mulher, a um detalhe físico, a uma peça de roupa, a um item material.

Criar maturidade para viver com maestria os bons momentos ou para saber lidar com as crises que são inevitáveis na vida. Em suma, quando desenvolvemos o equilíbrio, nos libertamos da prisão do medo e tornamo-nos capazes de assumir as rédeas da vida.

5. Resiliência: é ter a capacidade de sofrer algum impacto diante de uma adversidade, mas ainda assim se equilibrar em um estágio normal de espírito. Pessoas resilientes têm autocontrole, são capazes de assumir riscos e conseguem manter relações positivas e equilibradas.

As pessoas empoderadas e resilientes são capazes de acreditar em si mesmas e em sua capacidade de gerenciar os desafios da vida. O indivíduo que possui mais resiliência tende a ser mais proativo, pois é capaz de tomar uma decisão no tempo certo, ajustar seus objetivos e encontrar maneiras de se adaptar.

6. Singularidade: é um processo de construção de habilidades e de autoconhecimento com propósito e tomada de consciência. Tê-la desenvolvida ajuda a repensar atitudes para, então, enfrentar as mudanças, potencializando a coragem. O processo de singularização permite que o sujeito cresça e conheça a sua essência, alcançando melhor qualidade de vida, de bem-estar e, dessa forma, adquirindo autonomia para construir uma história com foco.

Lembre-se de quem é responsável pelo seu sucesso é você, por isso valorize suas habilidades, técnicas e faça o possível para estar em constante aprendizado.

7. A essência da mulher contemporânea: busca se reconectar com a sua essência feminina, pois são muitas cobranças para garantir alta *performance*. Destaco aqui as nossas diferenças biológicas. Muitas vezes, tentamos nos igualar aos homens, sem nos darmos conta do quanto isso abala e suga a nossa energia psíquica, emocional, mental e física. Nós, mulheres, em razão de toda uma cultura de dominação patriarcal, nos distanciamos de nossa natureza e da nossa singularidade.

É necessário buscar o equilíbrio para gerenciar os múltiplos papéis. E como fazer isso? Cuidando de si de forma integral e sistêmica, ao desenvolver técnicas para resgatar a autoestima, a autoconfiança e o amor-próprio, melhorando os relacionamentos e superando a insegurança e a procrastinação, para resgatar a essência feminina. E é assim que mulheres bem-sucedidas inspiram outras que ainda estão no processo de lapidação. Já pensou que mulher você deseja construir para o seu futuro?

11

NO MEIO DO CAOS

"A vida não está definida por nosso passado, origens e tragédias; ela pode ser mudada a partir de uma decisão com as estratégias certas". Focando em ferramentas que, além de trabalhar as emoções, também desenvolvem novos comportamentos e trazem benefícios até na saúde, acredito que uma geração toda é alterada quando uma vida é transformada. Destino não é uma questão de sorte, mas uma questão de escolha; não é uma coisa que se espera, mas que se busca.

GIOVANNA VALESKA

Giovanna Valeska

Contatos
gio.valeska@live.com
Instagram @giovanna.valeska
LinkedIn: Gio Valeska
Facebook: Fan Page Gio Valeska
Canal de YouTube: Gio Valeska
Podcats: Altera tu Destino
11 97099 2277

É especialista em Ciências das Emoções, palestrante internacional, jornalista, mestre e mentora. Aplicando as descobertas mais modernas das ciências que estudam a relação entre o cérebro e as emoções, com o forte intuito de potencializar líderes e ajudar o ser humano na descoberta do nível de liderança que tem, a Gio Valeska é apresentada nas mídias como "A estrangeira que está alterando destinos". Com experiência em mídias do seu país, bacharelada em Teologia, com diferentes formações em Desenvolvimento Humano, assim como em disciplinas que estudam a relação cérebro e emoções, tendo, por sua vez, um amplo conhecimento em padrões comportamentais, Giovanna tem impactado a vida de muitos depois de ter superado a depressão e a ansiedade.

Dedicado às pessoas que almejam liderar as emoções

Você se sente identificado com as seguintes situações?

1. Com um turbilhão de pensamentos que focam mais naquilo que não pode, não tem e não é.

2. Precisando se apresentar sempre com uma imagem de pessoa forte e determinada, mas por dentro se sentindo fraco e cheio de dúvidas.

3. Rodeado de muitas pessoas, mas ao mesmo tempo sozinha(o).

4. Com o peso de ter nascido numa família sem recursos, porém com sonhos que aparentemente estão longe da sua realidade.

5. Com a necessidade de superar a morte de alguém que amava.

6. Em depressão e/ou a ansiedade e/ou ataques de pânico, mas não confessando para ninguém o que acontece por medo de crítica e julgamento.

7. Começar empolgado com algum projeto e deixar pela metade aquilo que era para ser um sucesso.

8. Viver doente e ser consciente que isso tem a ver com a vida emocional que leva.

9. Ser extremamente duro consigo próprio, sendo seu próprio carrasco no que tem a ver com a autocrítica e autojulgamento.

10. Viver em dissonância cognitiva em relação a sua fé.

Essas são só algumas dores que eu sentia em carne própria que me levaram a labirintos mentais e que acabaram sendo um caos

Giovanna Valeska

interno de escuridão quando recebi uma ligação internacional que dizia: "Giovanna, o Luigy faleceu..."

O início

As sombras que escurecem o presente e os dias por vir.

Era o primeiro encontro com esse mentorado, com uma empresa crescendo, bem-casado, com dois filhos lindos e uma projeção de vida admirável, o José – nome fictício que darei para ele – tinha me procurado porque não conseguia dormir.

Nesse dia, ele quis começar o papo me contando um pouco da sua infância. Tendo só 8 anos, chegou a morar com a tia. "Eu era só uma criança e ela era muito má. Quando fazia uma coisa errada ou algo que ela não gostava, a minha tia puxava a minha orelha tanto, mas tanto, que parecia que minha orelhinha ia cair", contava o empresário.

Com ênfase na dor que sentia quando criança, relatava uma e outra vez o indefeso que se sentia diante do que viveu, até que eu disse: "E a sua orelha esquerda doía muito, não é?". Surpreso e sem dar tempo à seguinte respiração, ele diz: "Como você sabe que a minha tia puxava mais a minha orelha esquerda?". Ao que respondi: "Acontece que neste preciso momento a sua orelha esquerda está vermelha".

É claro que, depois de alguns encontros comigo, o destino do José foi alterado, mas quis trazer essa história para você com a intenção de que compreenda como o nosso cérebro e corpo reagem diante de uma lembrança que teve um forte impacto emocional na nossa vida. De forma inconsciente, as nossas células respondem como se nesse momento estivéssemos vivendo novamente a mesma situação.

As coisas não ficam por aí. Se o que vivemos no passado não for trabalhado, também aparecerão sentimentos congruentes com isso, que de uma ou outra forma nos levam a agir de modos que não queremos ou que nos deixam paralisados diante das oportunidades, trazendo, assim, consequências que não somente afetam o nosso presente, mas também nosso futuro, já que o que fazemos ou não hoje trará consequências amanhã.

Se nesse momento está se perguntando: como saber se o passado foi superado? A resposta é simples, é só perceber que emoções produzem dentro de si essas lembranças que tem. Se aquilo não traz uma sensação ruim, parabéns! Realmente superou a sombra que pode escurecer seu presente e futuro. Agora, se o fato de trazer a sua mente as imagens do que viveu, viu, ouviu ou sentiu lhe traz um incômodo, sabe que precisa trabalhar nisso.

Como eu sei de tudo isso? Antes de mais nada, saiba que toda pessoa que tenha alcançado aquilo que você admira teve que trabalhar fortemente nessa área antes de ser uma referência. Se hoje posso ser apelidada como "A estrangeira que está alterando destinos", é porque eu tive que trabalhar fortemente nas imagens do meu passado, que por muitas vezes escureceram a minha vida e a afetaram em todos os aspectos, me submergindo no desequilíbrio emocional que vivi e superei vivendo sozinha e sendo estrangeira.

Com todo o respeito que você merece, o convido para que, todas as vezes que precisar, pare a leitura, respire fundo e reflita se o passado ainda está trazendo escuridão à sua vida porque, se for o caso, isso deve e merece ser tratado.

Quando os padrões se potencializam

Toda pequena reação irá se potencializar nos momentos de pressão.

Imagine um goleiro profissional. Sem aviso prévio, alguém lança uma bola na direção do esportista. De forma automática, e até sem pensar duas vezes, ele age pegando a bola. É o reflexo natural que desenvolveu, manifesto até de forma inconsciente diante da situação.

Da mesma forma, as nossas emoções se manifestam, elas aparecem automaticamente porque foram desenvolvidas e se potencializam quando estamos sob pressão. Você entende bem sobre o que estou falando.

Para entender quais são seus padrões, é preciso que identifique como geralmente é sua vida: como você acorda, o que sente, quais são os pensamentos que geralmente possui, como você respira, até qual sua postura – falo mais sobre o tema no meu e-book 10 PÉROLAS PARA ALTERAR SUAS EMOÇÕES.

Depois de ter crescido e me formado como jornalista na Argentina, tive o convite de trabalhar em mídias no meu lindo país. Já estabelecida na Bolívia, com um posicionamento de líder e com uma situação social ótima, rodeada sempre de pessoas e eventos, confesso que muitas vezes sentia profundos estados de solidão, níveis altos de vitimismo, ninguém o percebia, já que era ótima interpretando o papel de forte e determinada.

Até que um dia a vida me apresentou o engenheiro de uma empresa internacional, carismático e galante. O Luigy, assim o apelidei, ficava no meu pé para sermos namorados, demorei muito para dar o *sim* e finalmente começou o namoro. Pelo trabalho, ele viajava muito, mas nada era obstáculo para conversar todas as noites no *chat* ou para receber uma ligação internacional. Apenas acordava e já tinha uma mensagem dele me desejando um bom-dia, com palavras que me faziam sentir mais que amada e única. Assim, definimos a data para Luigy chegar ao meu país e celebrar o noivado.

Por um dia, ele deixou de se comunicar, pensei que havia desistido de nosso compromisso e decidi lhe dar um espaço. No dia seguinte, ligou para me dizer que estava no hospital e que tinha sido encontrado desmaiado na porta do apartamento – quem pensaria que só faltavam dias para a sua partida à eternidade –. Fiquei abatida pela situação, mas pensei que teria a alta médica logo, e que cedo ou tarde faríamos realidade nossos planos, em virtude de que Luigy me levou a acreditar que a situação não era para nos preocupar: "Acho que é diabetes, porque teu amor me adoça muito", brincava ele.

Poucos dias passaram, quando o melhor amigo do meu namorado entrou em contato para me dizer que Luigy tinha leucemia e estava num estado avançado. Chorei copiosamente e sem poder respirar, mas embora o meu coração estivesse partido, continuava acreditando num milagre.

Quatro dias depois, recebi aquela ligação internacional que dizia: "Giovanna, o Luigy faleceu...". Nesse momento, comecei a me afundar em todos os padrões emocionais instáveis que tinha.

Não adianta viajar a Marte

Não tente curar o corpo sem primeiro não ter curado a alma.
HIPÓCRATES

Mal comia e não dormia, realmente perdi o rumo da minha vida. Cheguei a ver tudo de uma cor cinza, literalmente. Quis manter o meu papel de forte, mas dessa vez não consegui, a dor era intensa.

Dormir um pouco significava acordar escutando Luigy, claro que só era minha mente querendo de volta o homem que amava e com quem tinha feito muitas projeções para o futuro, só chorava desconsoladamente, sentindo que já não existia um futuro para mim.

Depois de alguns meses, decidi morar no Brasil. Naquele momento, pensei que a mudança de país traria mudanças em mim. Se você está se perguntando se foi assim mesmo, está se enganando, pois foi pior.

Por que tudo me lembra da situação?

O cérebro responde a 360 km por segundo, precisa considerar isso.

O ser humano é composto por sistemas de contínua informação. Diante de qualquer estímulo/gatilho, o cérebro responde de forma rápida. Para mim, foi interessante saber que, quando se vivencia uma situação de instabilidade emocional, os canais sensoriais (nossos sentidos: olfato, visão, audição e sensação) ficam mais agudos, razão pela qual tudo o que vemos, ouvimos, sentimos nos fazem lembrar de forma imediata a situação ou pessoa que tem relação com o que estamos vivendo.

O Luigy era da Colômbia, segundo país produtor mundial na produção de café, e claro, é impossível não perceber esse cheiro estando no Brasil. Então, imagine, a cada momento ele estava presente, mas não era só isso, as cores, as palavras que alguém falava ou até o clima tinham relação com essa pessoa que nunca mais veria.

Consciência emocional

Nada muda até o momento que aceita sua condição.

Sendo estrangeira e morando sozinha, foram várias as noites que passei sentada no chão, deitada na parede, chorando com essa dor no peito que me impedia até de respirar. Estava desconsolada, sem ter uma visão positiva sobre o futuro.

Até que, em uma dessas noites de muito choro, caiu a ficha de que algo estava fora de lugar. Como era possível acreditar que existia um Deus no Céu que estava me permitindo viver como um zumbi? Ou Ele não existia ou eu precisava fazer alguma coisa. Aí começou a minha jornada de estudar a forma que o cérebro age em relação às emoções.

Vivendo em dissonância

A maior mentira é aquela que dizemos para nós mesmos.

Sabia que cada vez que se diz uma coisa que é totalmente diferente do que verdadeiramente se sente ou pensa leva seu inconsciente a um estado de estresse?

Estudei teologia antes de morar sozinha e sabia muito do que a Bíblia diz, mas isso só num plano racional. Minha dissonância era tão grande que, quando uma pessoa me falava algo relacionado com aquilo que estava vivendo, eu respondia automaticamente com um verso decorado. Detalhe grande, realmente não estava alinhada com isso, minha vida era incongruente com o que dizia, e não tinha a ver com a veracidade da existência de Deus, mas sim com a falta de reprogramação interna que tinha, isso fazia com que naquele tempo eu vivesse numa dissonância cognitiva bíblica, e num estado de estresse contínuo por mentir para mim mesma. Será que está se sentindo identificado?

Esses cinco minutos que estão destruindo sua vida

Sabia que o coração tem 40 mil neurônios? Estudos apontam que, assim como o cérebro, existem várias divisões nele quem têm a própria inteligência, por isso que é preciso cuidar do coração, devido à sincronia total com o cérebro e com todos os sistemas do corpo.

Graças às evidências científicas, se tem conhecimento que emoções positivas como o amor, a gratidão, a bondade, a compaixão, entre outras, melhoram a qualidade de vida do ser humano, levando-o a ter melhor bem-estar, maior criatividade e longevidade, isso porque, diante de um estado emocional ótimo, o coração envia um sinal ao organismo para ele produzir quimicamente todos os benefícios antes ditos. Acontece o oposto quando emoções negativas aparecem. São suficientes 5 minutos de medo, ira, frustração ou qualquer emoção negativa para que na nossa corrente sanguínea sejam geradas 1.400 substâncias tóxicas que trazem como consequências: perda da massa muscular, morte de neurônios, menor capacidade de memorização, envelhecimento acelerado, diminuição das funções mentais, baixas no desempenho, queda no sistema imune, entre outras desvantagens. Isso representa a maior prova de que as doenças têm base emocional.

Hoje, tendo ciência de todo o conhecimento que adquiri nesses anos, sei que as dores fortes de estômago, os resfriados constantes, o diagnóstico de câncer e herpes zoster que passaram pela minha vida foram o resultado do estado de depressão e ansiedade que tinha.

Determinando sair do poço

A vida não está definida por nosso passado, origens e tragédias, ela pode ser mudada a partir de uma decisão com as estratégias certas.

Uma noite, chorando como sempre com aquele forte dor no coração (*), caiu a ficha de que não era lógico existir um Deus no Céu e eu estar nessa condição de zumbi, triste, sem destino, doente, sozinha, com poucos recursos financeiros e sem ter controle de mim mesma, alguma coisa estava fora de lugar.

Com o intuito de apreender tudo que era necessário para eu superar minhas dores físicas e emocionais, decidi começar a jornada de conhecimento, com o fim de entender as relações cérebro e coração, mente e emoções, embora isso significava investir tempo e dinheiro, que na época não tinha.

(*) O coração não dói, quando a dor emocional é muito grande, as estruturas sinápticas no cérebro abordam uma sinapse, que tem a ver com o músculo que está acima do órgão, isso traz a ideia de que, diante de grandes penas, "o coração dói".

Eu fui alterada

Sabedoria não é conhecimento, sabedoria é fazer algo com isso que sabe.

Fui a minha própria cobaia, já que tudo o que aprendia colocava em prática. Hoje se fala de tomar banho de água gelada, eu me empenhei em fazer isso por mais de 8 anos – pode saber dos benefícios dessa ação no meu e-book *10 pérolas para alterar suas emoções*. Não tinha nada que passava por alto, fiz de tudo o que tinha que ser feito.

Mudei de uma forma surpreendente por dentro e por fora, sei que isso estava nos planos do Céu, já que na atualidade ajudo as pessoas a entender que, SIM, é possível liderar as emoções para Alterar o Destino.

Se uma estrangeira que morava sozinha chegou a ter tantas mudanças exponenciais, acredite: você também pode.

Que decisões terá para superar aquilo que o afunda no seu caos?